W0382713

Roger Fritz (Fotos)
Ottfried Fischer (Texte)

# Extrem Bayrisch

südwest

# Inhaltsverzeichnis

*In Bayern gehen die Uhren anders*

*(Willy Brandt)*

# Prolog

Der Bajuware ist extrem. Daher würde er in aller Bescheidenheit eine Beurteilung tolerieren, die ihn als Kleinod der Schöpfung definiert. Diese Einschätzung als ethnisches Juwel erklärte dann aber auch, weswegen man gerne sagt: Der Bayer ist nicht zu fassen.

So wird auch der vorliegende, mit erhellendem Text versehene Bildband einmal mehr den Beweis führen, dass man ihn, diesen wertvollen Rohling, zwar oft schon von Weitem riechen und hören kann, es aber immer spannend bleibt, welches Manns- oder Weibs-Bild plötzlich vor einem steht – und oft ist das dann wirklich unfassbar.

Roger Fritz, hochbegabter Fotograf, hat schon mehrfach bewiesen, unter anderem mit seinem Bildband »MUCpeople«, dass er Menschen und Stimmungen mit dem Kameraauge genau trifft. So auch jetzt, wo er in fantastischen Aufnahmen vom ausgeprägten Hang des Bayern zum gegenseitigen sich Übertreffen und daraus resultierender, seltsam malerischer Sportarten »berichtet«. Dabei ist er auf eine extreme Typenvielfalt gestoßen – da finden Sie keinen, den Sie nicht treffen. In der Servicewüste Deutschland erweist sich damit der Bayer dankenswerterweise als Voyeurismusdienstleister.

Der Rest der Welt mokiert sich gern über uns Bayern, hält uns auch für reichlich extrem. Wer will es ihm verdenken, benehmen wir uns daheim doch so, als wäre das Bayernland die Mutter aller Trachten. Als durchaus förderlich für die uns unterstellte Extremismusvermutung erweist sich, dass der Bayer mit großer Hingabe seltsamen Sportarten frönt. Seine Wellness heißt dabei Gaudi, seine Fitness Schmalz (bairisch für Kraft). Und in den aberwitzigsten Disziplinen, geistigen wie körperlichen, geht er hemmungslos bis an seine Grenzen.

Eigentlich war der Bayer damit schon immer der Zeit voraus! Dennoch halten die Betrachter dieses Treibens die gesammelten Erscheinungsformen des Bayernsports nur für schrullig. In der Oberflächlichkeit ihrer weichgespülten Spa-Bereiche können sie nicht kapieren, dass die bayerisch sportive Zeitlosigkeit das wahre Anti-Ageing ist. Und woher soll er auch, weiß er es doch oft selber nicht.

Als Willy Brandt sagte: »In Bayern gehen die Uhren anders«, war damals der gesamte Volksstamm beleidigt, anstatt die Äußerung des Kanzlers aller Deutschen als Kompliment anzunehmen. Aber wie soll der Bayer sich selbst verstehen, wenn ihn schon die ganze Welt nicht versteht.

Sinn dieser Einleitung muss daher sein, ganz tief ins bayerische Unterbewusste einzutauchen: Nur so kann man den Bayern, das unbekannte Wesen, begreifen und vielleicht dahinterkommen, woher sein sportlicher Wesenszug überhaupt kommt.

Vorausgesetzt werden muss hierbei die Kenntnis des bayerischen Selbstwerttheorems, das da lautet, schlicht und ergreifend: »Mia san mia und schreib'n uns uns, weil dahoam is dahoam! Host mi? – Mehr sog i ned!« Diese grundsätzlich munter und selbstbewusst nach außen getragene Haltung scheint phänotypisch für den bayerischen Menschen zu sein. Manchmal aber neigt er dazu, die Bodenhaftung aufzugeben. Das beschert uns zwar, wie Sie, geneigter Leser, in vorliegendem Bildband schaulustig sehen werden, interessante und originelle sportliche Betätigungen – vom *Schlittenrennen* bis zum *Maibaumklettern* –, aber Sie werden auch bekannt gemacht mit dem folgenden kuriosen Phänomen.

Ich muss jetzt etwas ausholen: Tatsache ist, dass es bei der deutschen Handelsmarine überdurchschnittlich viele Bayern gibt. Heimatverbundenheit und Fernweh! Was willst du mir damit sagen, bayerische Zerrissenheit?

Es lässt mich der Gedanke nicht los, dass wir die in diesem Buch bildhaft abgehandelte Begeisterung des Bayern an Leibesübungen überhaupt erst dann verstehen, wenn wir die Entstehung dieses nautisch-alpinen Paradoxons kapiert haben.

Sollte dieser Habitus gar von heimlicher purer Welt-

gewandtheit zeugen und deutet dies auf das ungeschriebene ethnopoetische Dogma als stimmig hin: »Der Bayer setzt gern der Unendlichkeit seines Geistes die endliche Weite des Horizonts entgegen.« Das wäre fast Beweis für selbstkritische Interpretationsfähigkeit und daraus resultierender Erkenntnis. Das aber kann's nicht sein, beweist doch allein das politische Verhalten des Bayern seit langem schon, dass die Beschäftigung mit der Erkenntnistheorie nicht zu seinen Stärken zählt, geschweige denn die Erkenntnispraxis – und das natürlich wegen der endlichen Weite seines heimatlichen Horizonts, der ihm bisweilen den Tellerrand zu einem Hochgebirge geraten lässt!

Vielleicht bringt uns ein Heidegger'scher Ansatz voran, wonach die Bayern einem *Geworfensein* in ihr bayerisches Wesen unterliegen könnten. Der Bayer kann also gar nichts dafür, dass er so ist, wie er ist. Aber wozu braucht's da einen Philosophen? Es ist eben, wie es ist, fast wie ein Rausch, und den hat man, *mehr sog i ned!* Also, von wegen Heidegger'sche Unausweichlichkeit – diese Deutung bringt gar nichts, erklärt nichts und ändert nichts. Schließlich hat Heidegger vom Bayern und seinem Rausch keine Ahnung. Behauptet er doch an anderem Ort, *die Sprache sei die Sage der Zeige*. Der war garantiert nie bei einer Trinksportveranstaltung in einem Münchner Stehausschank nach elf Uhr vormittags, wenn's heißt: »I sogs iatzt amoi wias is!«

Aber auch der inzwischen moderne, weltoffene, Typus des IT- und High-Tech-Bayern zeigt zwar durchaus Laptop, aber immer noch zu viel Lederhose. So leidet er darunter, dass er es in der Fremde nicht schafft, mit beiden Beinen auf dem Boden zu stehen wie daheim. Es fehlt ihm einfach die Kraftquelle des Gleichgesinnten, die Älplersportart »ständige Lodenschau«. (Nicht grundlos ist Bayerns berühmtester Export der Ganzjahrestrachtträger Ratzinger.)

Wenn sogar die aufgeklärte bayerische Intelligenzia mit der Exterritorialität nicht klarkommt, warum heuern dann Vertreter dieser Spezies schon im Zustand der bajuwarischen Frühreife bei der Handelsmarine an? Der Vorwitz der Jugend kann es nicht sein, wird jener doch regelmäßig schon beim *Kammerfensterln* verbraucht.

Es könnte aber auch ein Minderwertigkeitskomplex vorliegen, der den Bayern die Identifikation so sehr auf die Spitze treiben lässt: ein Missionszwang zur Verbreitung der eigenen Lebensart? Aber wer in katholischem Glaubensgebiet erzogen wurde, weiß doch um die Kontraproduktivität, wohin Missionierung und übertriebene Glaubensvermittlung führen. Gibt es doch keinen Ort auf dieser Welt, wo mehr Atheisten versammelt sind als in einem katholischem Hochamt.

Was also ist der wahre und wirkliche Grund, dass so viele Bayern bei der Handelsmarine anheuern? Ich habe mich, um es herauszubekommen, für das Nächstliegende entschieden. Ich habe einen Beteiligten gefragt, und, siehe da, schon herrschte Klarheit: Die Ursache des seltsamen maritimen Verhaltens erklärt sich mit erfrischender Logik aus der bayerntypisch weitverbreiteten sportiven Obsession des Kräftemessens.

Der von mir Befragte hatte, schon als Achtjähriger, mit einem gleichaltrigen Freund gewettet, dass er als Erster an der Copacabana sein würde.

Die Wette, gleichwohl sie, wie oben nachgewiesen, durchaus geeignet ist, weitreichende Folgen zu zeitigen, stellt nur die kleinste Form des Kräftemessens dar. Sie ist für alle Altersstufen geeignet, gehört zur Basisfitness der bayerischen Wettbewerbsgesellschaft. Wie angesehen sie ist, neben ihrer wichtigen demokratischen Funktion des Wettkampfbegleitens für passive Schlachtenbummler, verdeutlicht ein bekanntes bayerisches Sprichwort: »Beschwör'n tät ich's, aber wetten trau i mi ned!«

Alles, was im vorliegenden Werk dem geneigten Betrachter fotografisch kunstvoll vor Augen geführt wird, entstand letztlich vor dem Hintergrund des urbayerischen Sichmessens, sowohl untereinander, gegenseitig, als auch mit Dritten.

Bestes Beispiel liefern die Jodler: Die trachten nur danach, sich gegenseitig lautstark an die Wand zu kehlköpfeln, sind aber dadurch voll im Training und in der Lage, im volksmusikalischen Ernstfall jegliche japanische Jodelbedrohung alt aussehen zu lassen.

Lassen Sie uns einmal willkürlich hineingreifen in

das Schatzkästlein bayerischen Turnierwesens, denn da riecht's nach reicher Beute:
Wettschnupfen, Fingerhakeln, Gams- und Vollbartwettbewerbe, Preisschnupfen, Schafkopfrennen, Maßkrugstemmen, Wettsägen, Bierfassrollen, Anzapfen, Ranggeln, Genickziehen, Fußhakeln, Ochsenrennen, Eisstockschießen, Schützentreiben (fast eine halbe Million bayerischer Menschen sind in Schützenvereinen organisiert), *Schuhplatteln* (inzwischen sogar erweitert um die moderne Version des Schwulplattelns), Weiber abschleppen, wallfahren mit Riesenkerze, Maibaumkraxeln … und damit haben wir nur einige harmlose Auswüchse der Spezies Bayernsport aufgezählt.
Wie eingangs schon angedeutet, geht's bei den bayerischen Sportarten allerdings nicht mehr hauptsächlich um *mens sana in corpore sano* oder gar um das Primat der Leibesübung als höchstem Ausdruck eines ganzheitlichen, selbstgefälligen Wellnessgedankens. Nein, es handelt sich hier um Rituale zur höheren Ehre Bayerns. Die bajuwarischen Gladiatoren spielen mit im Konzert der Heimatverherrlichung, und wie könnte die Heimat einen solideren Stand haben, als wenn man selbst gut aufgestellt ist!
So ist der Bayer primär beseelt vom schneller, höher, weiter und oft auch vom länger oder anders. Alles, was geeignet ist, Anerkennung zu bringen, wird zum Sport, auch wenn's zur Zerstörung der heimischen Landesbank führt. Kurzum, der Sport wird zum Fanal der Selbstdarstellung des ewigen Bayern.
Zu Dank verpflichtet sind wir den alten Griechen, welche aus der Erkenntnis des agonalen Triebes, also des Wettkampftriebes, die dazu gehörige Organisation geschaffen haben. Mit der Erfindung der Olympischen Spiele haben sie das Sportliche endgültig salonfähig gemacht. Dank ihrer wissen wir, dass es niemals degoutant, sondern zutiefst menschlich ist, wenn man unbedingt herausfinden will, wer geschickter im Sautrog schwimmt.
In der zivilisierten Welt gibt es kaum einen zweiten Volksstamm mit solch gewaltigem Identifikationspotential – vom Zwiebelturm bis hin zur Krachledernen – wie jenen im Land Bayern. Das weiß der g'standene Ureinwohner auch und spürt instinktiv, dass er im Zeitalter der europäischen Gleichmacherei sowie der Globalisierung »sakrisch« aufpassen muss, dass er sich nicht plötzlich wiederfindet auf der roten Liste der bedrohten Arten.
Das gilt, wohl gemerkt, für ganz Bayern und ist zugleich Absage an jegliche separatistische Strömung, wie zum Beispiel seitens der Franken (»Frei statt Bayern«) oder ansatzweise verächtlich seitens der Altbayern (»Man muss Gott für alles danken, selbst für Schwaben und für Franken«), offiziell hat man sich einig zu sein: *Vivat, crescat, floreat bavaria*. Und unseren Separatismus tragen wir intern und vor allem geschlossen aus!
Die Symbole und zugleich die Symptome des gegenseitigen Übertreffens und des so überaus beliebten bayerischen Superlativtreibens findet man in den Bierzelten des Freistaats. Kollektiver Rausch. Findet statt in den lange vor Christo verpackten Räumen des weltgrößten Jahrmarkts, dem Münchner Oktoberfest.
Alle Jahre wieder erleben wir die Jagd auf den Besucher- und Trinkrekord – mit eigener Böschung zur Bierleichenablage. In besagten Leinwandhütten erscheint uns so manches Mal die wohl archaischste Form des Bayernsports: die Volksfestschlägerei, wenn auch auf dem Oktoberfest der klassische Hauptwettkampftag, der »Maurer-Montag«, schon fast ganz in der Versenkung verschwunden ist.
Großer Verlust für die bayerische Streitkultur entstand durch Abschaffung der Medaillen für Starkbierleistungstrinker auf dem Münchner Nockherberg. Wahrscheinlich wollte man bloß einer schon länger befürchteten Doping-Debatte zuvorkommen. Interessant dazu auch die Haltung der Niederbayern, die nach einer Wirtshausschlägerei, also dem Beweis urtümlichster Manneskraft, gerne konterkarierend anmerken: »… und g'scherzt hamms auch noch!«

In einer Zeit, in welcher der Schweinsbraten weltweit *Mäcrib* heißen wird, müssen die Völker dankbar sein, dass es Bayern gibt, die feste Größe in Sachen Wiedererkennung und Bollwerk gegen geschmäcklerische Beliebigkeit. (Wenn auch der zunehmende Gebrauch der Wörter »lecker« und »Schnäppchen« in der altbayerischen Bevölkerung zu großer Sorge Anlass gibt.)

Noch sind die Bayern unverwechselbar. Einer, in dunkler Nacht im Freistaat ausgesetzt, findet bei Sonnenaufgang sehr schnell heraus, wo er aufgeschlagen ist. Denn es erwartet ihn immer folgendes Szenario: Wenn er die Augen aufmacht, steht vor ihm ein vollbärtiger Gamsbartträger in Loden, der ihn anstarrt wie einen Alien und ihm zugleich unterstellt, ein Preuße zu sein, aber hoffentlich einer mit genug Heimweh. Und auf die Frage nach dem richtigen Weg antwortet der Jägergleiche: »O mei, du kimmst ja scho falsch.«

Dann aber schleppt er den Fremden wie eine rätselhafte, aber kostbare Errungenschaft zu einem Frühschoppen, wo mindestens gefingerhakelt wird und ein von der CSU organisiertes Preisschafkopfen stattfindet. Vorüberzieht plötzlich Trachtenkavallerie: Tausend Kötztinger Reiter. Lautstark angetrieben von den böllertrunkenen Schlierseer Gebirgsschützen. Überall liegt Blasmusik im der Luft, rundherum wird angezapft, und wer es unter drei Schlägen schafft, wird Bürgermeister.

Ein schwuler Geißelschnalzer trägt eine Lederhose, bei der der Hosenlatz aus einem Notebook besteht, aus welchem ein Ex-Ministerpräsident stotternd belehrt: »Vom Nehmerland zum Geberland, das muss uns erst einmal einer nachmachen – jetzt zehn Minuten näher am Hauptbahnhof!«

In einem Nebenzimmer spielt die menschlich-göttliche Komödie – Leichenschmaus. Einer der Trauergäste sagt zu dem kleinen Dicken neben sich: »Bei dir wird's amal schwierig mit'm Sarg – weil für vier bist zu schwer und für sechse z'kurz.«

Mit den Worten: »Das ist ein Neidland, kein Gönnerland!« will sich einer in Tracht vordrängen: »Las-

sen Sie mich durch, ich bin BMW-Fahrer«, und bekommt auf der Stelle eine solche Tracht Prügel, dass er sowohl für sechs als auch für viere passt.
Und beim *Kirta* (bairisch für Kirchtag) schlagen sich kernige Burschen Maßkrüge auf den Kopf um zu beweisen, dass die Kerbe im Henkel bei der Begegnung des Glases mit der Schädeldecke den Griff auch wirklich abbrechen lässt, bevor ein Mord passiert.
Über dem Ganzen thronen Ludwig II., FJS und der Ratzinger, jeder in seiner Tracht.
Und ex cathedra verkündet der Pontifex: »Ja, das ist Gottes eigenes Land!«
Auf dieses Wort hin hören die Burschen mit einem Schlag, schlagartig, mit dem Raufen auf, ordnen sich in zwei langen Reihen, stemmen die Gefäße in die Luft und haben sich auf wundersame Weise in ein »Guinness-Buch-der-Rekorde-Masskrugstemmer-Spalier« für eine volkstümliche Schankkellnerhochzeit verwandelt. Auf das nun durchmarschierende Paar schütten sie maßweise das Bier mit den Worten: »Ja, das ist wahrlich der Saft des Herrn!«
Dann vollendet der bayerische Papst seinen Segen: »An ihm hab ich mein Wohlgefallen, das ist Gottes eigenes Land, denn es kennt keinen Relativismus, sondern nur die Messlatte des Herrn!«
Mit den Worten »Ja, wer kennt denn die ned« erscheint auf der Bayernbühne als *Deus ex Machina* ein Maurer, der versucht, bei seinem zwei Meter langen Zollstock die Enden zusammenzuführen, ohne dass der Stab zerbricht, und man hört aus ihm eine der absoluten Wahrheiten des Volkes: »Ein Guter hält's aus, und um einen Schlechten ist's nicht schad!«

Kommt gut mit außergewöhnlichen Belastungen klar: das bayerische Bankwesen.

*Bayern, des samma mia.*
*Bayern und des bayrische Bier.*

*(Haindling)*

# Revolten, Bier und Bayern

Wenn, dann g'scheid«, lautet eine oft gehörte bayerische Lebensweisheit, die so viel sagen will wie »bloß keine halben Sachen« und sich, kaum ausgesprochen, im Leben meist sofort oder später verlässlich ad absurdum führt. Anders verhält es sich beim bayerischen Bier, da ist *die Halbe* grundsätzlich etwas Gescheites.

Es verblüffen die erdverwachsenen Bayern ständig aufs Neue. Dieses Volk, das klaglos 40 Jahre lang ein Einparteiensystem ertragen hat (»Wenn, dann g'scheid!«), kann sich immerhin einer revolutionären Vergangenheit rühmen, war es doch anno 1919 ganze 25 Tage lang sogar eine Räterepublik. Eine umso beachtlichere Leistung, als wir Bayern doch letztlich auch Deutsche sind, also ganz mittelmäßige Revolutionäre, von denen Kurt Tucholsky, anerkannter Kenner teutonischer Befindlichkeiten, behauptet, dass sie bei Revolutionen, bevor sie einen Bahnhof besetzen, erst eine Bahnsteigkarte lösen würden.

Dieser räterepublikanische Ausrutscher, rötlicher Schandfleck auf der weißblauen Traditionsweste, der außerhalb Münchens sowieso kaum jemandem auffiel, wird gerne totgeschwiegen, ist kaum noch Thema für Gaststubenpolitisierer, gleichwohl sich auch im Freistaat ein Quäntchen bierseliger Restanarchie durchaus erhalten hat.

Immerhin war es das Land Bayern, welches Präsident Kurt Eisner 1918 zum Freistaat ausrief, und damit war es das erste im deutschen Kleinstaatenkonglomerat des frühen 20. Jahrhunderts, das die Monarchie abgeschafft hat. In der darauf folgenden Kinderstube der deutschen Demokratie waren ab diesem Zeitpunkt die staatsbürgerlichen Übungsräume in den Wirtshäusern, wodurch, resultierend aus der Verbindung Alkohol und politische Meinung, nicht zuletzt auch der Extremismus gefördert wurde. Folgerichtig wurde Eisner durch einen rechtsradikalen Blaublüter, dessen Name und Geschlecht übrigens noch heute auch fürs Bierbrauen steht, abgeknallt. Daraus hervorging ein Erstarken der Nazis, unter anderem auch auf Grund der politischen Indoktrination durch Hitler-Predigten im Biertempel »Bürgerbräukeller«, und München geriet auf die schiefe Bahn zur Hauptstadt der Bewegung. Folgen bekannt.

Abgesehen vom Aufflackern irrlichternder Umsturzattacken herrschte in Bayern bis ins jetzige Jahrtausend hinein eine politische Beständigkeitsphase, also eine Evolution mit einem weltanschaulichen Mobilitätswert gegen null. Das gipfelte in der Anpassungsdoktrin »des war scho immer so«, was der CSU jahrelang die Erbhöfe sicherte.

Bayerisch-anarchistisches Restpotential konnte man zuletzt beim Nichtraucherschutzgesetz aufspüren, das sich bald als zweifelhaftes Highlight bayerischer Legislativkunst unserer Tage entpuppte. Es brachte den sprunghaften Anstieg verrauchter gastronomischer Räume mit der neuen gesetzeslückenhaften Bezeichnung *Raucherclub*, in denen man sein Bier nur noch inmitten einer hochnikotinangereicherten Nebelbank einzulitern vermag. Im Vorfeld des Nichtraucherschutzes waren die ersten Aktivisten fürs Rauchrecht gestandene Oktoberfestwirte. Normalerweise staatstreu über den Einkommensoverkill hinaus, fingen sie an, sich den Hippies gleich

»legalize it« auf die Lederhosenträger zu sticken. Es endete dann in einer so nicht erwarteten Beinahedezimierung der christlichen Staatspartei, weil sich das beleidigte Stimmvieh schmollend auf die Pensionsweide Freier Wähler begab.

In Bayern ist Ziel und Inhalt aller Politik, Laptop hin, Lederhose her, in hohem Maße immer auch die Schaffung und Erhaltung eines schönen Bayern. Wenn es auch Hoegner , der erste bayerische Ministerpräsident, SPD (!), war, der den Genuss der Naturschönheiten für Jedermann in der bayerischen Verfassung verankert hat, so gelang es dann doch nur der CSU, den Wählern nachhaltig einzureden, dass sie es war, die das schöne Bayern erfunden hat. Alle CSU-Abgeordneten hätten eigenhändig mit Pickel und Schaufel Stück für Stück die bayerischen Berge aufgeschüttet und die bayerischen Seen ausgehoben und bewässert. Jede Lüftlmalerei, jeden röhrenden Hirsch, jede Löwenbräuwerbung hat doch der Strauß noch höchstpersönlich selber hingemalt, lautet das politische Credo des christsozialen Untertanen.

Durch den ignoranten, absolutistischen Umgang mit dem Raucherschutz ging die *Lufthoheit über den Stammtischen* verloren. Wegen des dadurch bedingten Blindflugs, stracks vorbei an der Wählerakzeptanz, ist das Nachlassen soeben geschilderter, historisch begründeter Zuneigung zu verzeichnen.

Die moderne Politik, das mag man am neuen Aschermittwochsdesign der CSU erkennen, versucht das Wirtshaus zu verlassen und nimmt den Menschen damit auch das Gefühl, dass Politik ihre Sache ist.

Die bayerische SPD wirkt, sobald sie populistisch agiert, eher belanglos, bei intellektueller Aktion erscheint sie überheblich und vom Bierzelt hat sie überhaupt keine Ahnung. Die Sozis erkennen nicht, dass den Gehirnschwurbel politanimierter Bierseelen nur das Publikum haben darf, nicht aber die Politiker. Anders als »rauschig« ist die Bayern-SPD-Wahlkampfidee nicht zu erklären, wenn sie die Menschen zum *Sozi-Wahlkreuzl* mit dem Argument auffordert, dass alles, was die Regierungspartei politisch tut, auf dem Mist der sozialdemokratischen Opposition gewachsen und daher eigentlich ihre Politik sei. Da fragt sich natürlich der Wähler, wenn die Politik sowieso schon gleich ist, warum sollen es dann nicht doch lieber die Leute mit der Erfahrung machen. Hat natürlich auch eine gewisse Logik.

»Was du ererbt von deinen Vätern hast, erwirb es, um es zu besitzen.« Diese Mahnung Goethes hat auch der einstige Inbegriff bayerischen Brauens, die Münchner Löwenbrauerei, mit Füßen getreten, als sie die überaus stimmungsvolle und damit wohl gelungenste Werbekampagne, die je einer bayerischen Brauerei eingefallen ist – ein paradiesischer bayerischer Bilderbogen mit dem Schriftzug »Ein Bier wie Bayern«, – ersetzt hat durch eine von Grünspan befallene, wilhelminisch-preußisch anmutende Quadriga, die eigentlich nur in Berlin stehen konnte.

Die Sinnlichkeit und der hohe Wert, den der Bayer ihr beimisst, würden spätestens bei genauer Untersuchung des Phänomens Brotzeitkultur begreifbar. Und so erklärt sich auch seine politische Entscheidungsfindung, die mehr dem Instinkt, der Tradition und der Emotion unterworfen ist, nicht so sehr kritischer Analyse.

Man führe sich in diesem Zusammenhang Ludwig Thomas Abgeordneten Filser zu Gemüte, der solches am Beispiel Schnupftabak für die Oberpfalz deutlich gemacht hat:

»... wie es freidefohl ist zun läben und legt mahn schohn dem kiende in seine wigen ein rossengranz ein und ein schmaizlerglaß und durch disses wierd er ein oberpfaizler und Kadolikh und bleibt es und brauchd mahn keine anxt zu haben, das er nachdänkt sontern er wehlt plos. Aber bald iem der schmaizler ausgät mus mahn iem schnäll einen forschafen sonzt grohlt er gengen den stat und die muther kierche.«

Statt des Schnupftabaks könnte man auch Bier einsetzen.

Das Bier gehört untrennbar dazu, zum schönen Bayern. Das war schon immer eine Entente cordiale mit der seit jeher freien Wahl zwischen Hell, Dunkel und Weiß bis zu Mass, Halbe und Quartel, von lauwarm bis eiskalt. Es gibt übrigens Naturheilextremisten, die bei Erkältung auf heißes Bier schwören. Das Hopfen- und Malzgetränk ist dem Bayern jedenfalls so vertraut, dass er auf der ganzen Welt bedenkenlos Bier trinkt, weil er selbst in Zentralafrika oder den Anden überzeugt ist, dass die das Bierbrauen in Weihenstephan gelernt haben oder wenigstens von jemanden, der es in Weihenstephan gelernt hat. Im bayerischen Machtgefüge haben die Brauereien eine starke Position, weil die bayerische Politik gar nicht auf sie verzichten kann, allein schon wegen jener hochpolitisch kritischen Masse, über die allein nur sie verfügen: Die Rede ist vom Freibier, das in der bayerischen Gesellschaft und auf allen Verwaltungsebenen bei den Begünstigten als das wohl wichtigste Karrierebarometer gilt. Freibier gibt's nämlich erst dann, wenn man es sich eigentlich schon selber leisten könnte.

Und so führt in Bayern kein Weg am Bier vorbei. In den Filser-Briefen lässt Ludwig Thoma seinen Abgeordneten von einer revolteähnlichen Begebenheit berichten, vom *Wasserburger Bierkrieg*, bei dem es nach einer vom Parlament beschlossenen Bierbesteuerung in der Bevölkerung zum Protest kommt, in Form eines passiven Widerstands, indem

»... das gahr kein bier gedrunken wierd sontern wahser und schpringerl und limanahdi.«

Und es wird dem Abgeordneten Filser schlagartig klar,

»... das die Treie gengen Drohn und Aldahr erschittert ist und das ädle baiernhärz mus fohler unmuth sein bald es einmal limanahdi drinkt.«

Beim Versuch der Problemlösung dieses merkwürdigen Verweigerungsprotests mittels Freibier kommt es, nachdem das Freibier aus ist, zu Ausschreitungen gegen die parlamentarischen Schlichter, und es wurden auf dem

»... Gobf fiele maskriege zerschlahgen ... mid zaunlaten mishandelt, was aber nichz gemachd häte bald keine negel darien gewäsen weren, haber es wahren negel darien ... (und) mehrerne schläge mit einem bierschlägel auf das haubt, was aber plos forieber gähend war.«

Politisch auch bedeutsam für jeden Oberbürgermeister von München ist das Faktum, dass er einpacken kann, wenn es ihm beim Oktoberfestauftakt nicht gelingt, beim Anzapfen unter drei Schlägen zu bleiben.

Wie gefährlich es außerdem für einen bayerischen Politiker sein kann, wenn er die Bierebene verlässt, mag am Beispiel Edmund Stoiber verdeutlicht werden, der sich bei seiner *inauguratio praecox* selbst ins Aus gekickt hat, als er »ein Glas Champagner öffnen« wollte. Das wäre ihm mit einer Flasche Bier nicht passiert.

Und das gute Einschenken hat er doch bei Franz Josef Strauß in der Passauer Nibelungenhalle gelernt: Wenn die Leute von mir richtig bedient werden, dann sind sie von den anderen bedient.

Das Volk jedenfalls, von ganz unten bis ganz oben, ist doch im Konsens, dass das Bier nationales Getränk und Symbol zugleich ist. Wenn es, in welcher Form auch immer, diesem gewaltigsten aller nationalen Symbole an den Kragen geht, was bereits mit bloßem Infragestellen des bayerischen Reinheitsgebot von 1516 beginnt, dann aber schäumt's und brodelt's gewaltig im Volke. Dann findet die Revolte, wie beispielsweise die sogenannte Biergartenrevolution zur Rettung der Münchner Biergartenkultur bewiesen hat, sogar unter aktiver Beteiligung der Obrigkeit statt.

Die Biergartenrevolution war eigentlich eher ein Bürgerkrieg zwischen später zugezogenen, ruhesüchtigen Biergartenanrainern, die allerdings schon vor dem Zuzug um den Biergartenumstand wussten, und den balkonlosen Traditionalisten, fünfköpfige Zweieinhalbzimmerfamilien, mit dem Anspruch auf unverbrüchliches Menschenrecht auf Biergarten zur günstigen Erholung, inklusive Genuss der Naturschönheit mit Schankerlaubnis, ohne zusätzliche Kosten. Ranghöchste bayerische Politiker hatten sofort den natürlichen Feind der liberalen Bayernmentalität ausgemacht, den »Zuagroasten«, und hätten am liebsten sogar den gewohnheitsrechtlichen Status des Freistaats als Einwanderungsland für Preußen geändert. In Windeseile wurde vor dem Abfall Bayerns vom Bund ein Gesetz zur Rettung der traditionellen Bierstätten unter gleichzeitiger Wahrung des sozialen Friedens durch den Landtag gepeitscht.

Karl Kraus hat dem Zusammenhang zwischen Bayern und Bier in den *Letzten Tagen der Menschheit* ein schauriges Denkmal gesetzt. Er lässt den schnaderhüpfelnden bayerischen Trivialliteraten und Kriegsberichterstatter Ganghofer mit dem Kaiser Wilhelm zusammentreffen.

»GANGHOFER: Soll ich es denn länger verschweigen?
DER KAISER: Nu, was ist denn los?

GANGHOFER: Was Majestät mir soeben anvertraut haben – mei Gmüat kann es nicht länger zruckhalten – dass Majestät *(herausplatzend)* drei Waggon Bayrisches für unsere braven österreichischen Truppen bestimmt haben!
DER KAISER: Na rufen Sie's meinswegen in die Welt hinaus! Sie sollen wissen, dass sie was Gutes aus Ihrem schönen Bayernland zu trinken bekommen! …
GANGHOFER: … Das kommt als Leitartikel!«

Ja, in München steht ein Hofbräuhaus. Kein Volksstamm auf dieser Erde wird so sehr mit Bier in Verbindung gebracht wie die Bayern. Wo immer man auch hinkommt, man kennt dort die Besäufnisattraktion Oktoberfest. Auf die Fahrgeschäfte wie Loopings und Karussells angesprochen, reagieren die wenigen, die davon überhaupt schon gehört haben, mit der Ansicht, dass es die nur gibt, damit trinkfeste Wiesn-Besucher auch mal kotzen können.

Letzteres ist natürlich völlig falsch, weil das Bier in Bayern niemals unter Rauschgift geführt wurde, sondern hierzulande schon immer als Grundnahrungsmittel galt. Das ist schon allein deswegen gut so, weil es das Oktoberfest vor lächerlichen Plagiaten schützt. Stellen Sie sich nur die Peinlichkeit vor, wenn es vor Riad in der saudi-arabischen Wüste eine große Zeltstadt gäbe, in der sich jeden Herbst zwei Wochen lang fünf Millionen Burnusträger zusammensetzen und solange kiffen, bis sie sich nur noch blöd anschauen und dabei wirr zu kichern anfangen.

In Bayern wird das Bier als Grundnahrungsmittel eingestuft. Das hatte zur Folge, dass bei der Bundeswehr den Soldaten lange Zeit zur Frühstückspause, genannt Brotzeit, eine Flasche Bier, vulgo flüssiges Brot, zugestanden wurde, allerdings ausschließlich in den bayerischen Kasernen.

Nicht zuletzt sei auf die reputationsfördernde Protektion der katholischen Klöster verwiesen, welche, die Fastenzeit zu lindern, der Bierproduktpalette das Starkbier hinzugefügt haben. Das führt (»Hopfen und Malz, Gott erhalt's«) zu einer solch göttlichen Nähe zwischen Bier und Christentum, dass sich dadurch vielleicht einmal die wunderbare Biervermehrung um zehn Prozent erklären lässt, von der die Finanzämter ausgehen, wenn sie dem Wirt das Hundertliterfass mit 110 veranlagen. Weil wir uns gerade mit dem Phänomen des Schanknutzens beschäftigen, gedenken wir des Festwirtes Richard Süßmeier, der von seinem Schenkkellner aus einem Hühnchen drei halbe Wiesnhendl herausholen und aus einem Hundertliterfass 190 Mass à ein Liter herauszapfen ließ. Daraufhin vertrieb man ihn aus dem Oktoberfestparadies.

Richard Süßmeier, Gastronom

Bier brauen ist ein heiliger Akt in Bayern. Das merkt man spätestens, wenn man eine Brauerei betritt, den Tempel vom heiligen Hopfen. Rausch oder gar Trunksucht sind dort keine Themen mehr, sondern weichen den verwandten Begriffen Hektoliterausstoß und Umsatz. Es geht nur noch um den heiligen Saft in seiner reinsten Ausformwh das in Form von Labels der aufgekauften kleinen Landbrauereien, die wie Trophäen darwinistisch anmutender Präpotenz gleich im Eingangsbereich an der Wand drapiert sind. Inzwischen hängen allerdings auch die Markenzeichen der meisten Münchner Brauereien bei den Großwildjägern des globalen Getränkemarkts, den Holländern und Belgiern, in den Eingangshallen ihrer Konzerne.

Aber, solange das Sudhaus in Bayern steht, ist das Bier noch bayerisch. Deshalb ist auch jegliche Revolution bis heute ausgeblieben.

Der wahre Grund, warum einst ein Bayer in Griechenland König wurde, liegt im selbstverständlichen, nahezu blutverwandtschaftlichem Umgang mit dem philosophischen Credo der Sieben Weisen und daraus resultierender, urwüchsiger Erweiterung ihrer Inhalte unter dem Aspekt logischer Ergänzung:
*Mass-halten, bis's nimmer geht!*

Auer´s Kraft-M
BAYERISCHE
JUNGBAUERN
AuerBräu

# Massmesstechnik

Ein raffiniertes Gerät, unbestechlich im Bierkampf, Zeugnis bayerischen Erfindergeistes, mit einer Armwanne zum berührungsfreien Hineingeben des Masskrug-Stemmer-Arms. Wird beim Wettkampf der Krugarm zu schwer, bewegt er sich nach unten, bis er Druck auf die Wanne ausübt. Dann wird diese Abwärtsbewegung mittels ausgefuchstem Seilzugsystem auf eine Nadel umgelenkt, die sich dadurch Richtung Luftballon bewegt, bis sie sich in den Ballon bohrt, wodurch ein lauter Knall vom Ausscheiden des Trinkgefäßkombattanten kündet. Wie hier in Aschau am Chiemsee

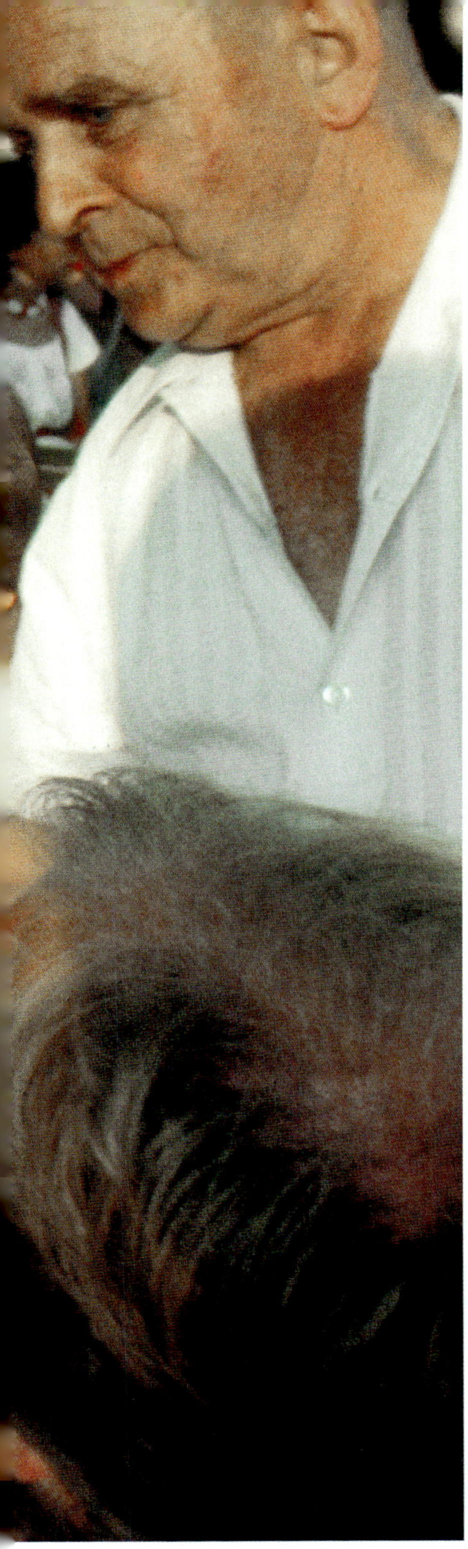

# Der Trunk unserer Zeit

Für den noch Unkundigen bayerischen Wesens bezüglich Gerstensaft, Hopfentee, Flüssigbrot, Schaumgeborenes, Nationalgetränk, vulgo schlicht Bier, auf dieser Seite einige Situationen in Staat und Gesellschaft rund um den heiligen Saft, durchaus als Usernachweis verschiedenartiger Anwendungs- und Einsatzerscheinungen, gerade für den Ungläubigen.

So finden sich hier Zeugnisse sowohl der berühmten weltweit unerreichten Münchner Biergartenkultur als auch der Indoor-Version Bierkeller beziehungsweise -stüberl.

Dann der fast kultische Akt: Bier aus der Zitze (Kälberaufzuchtseimer), auf dass niemals vergessen werde, wie nah das Bier als Grundnahrungsmittel bei der Milch angesiedelt ist, sowie zwei weitere Bilddokumente zur in diesem Buch näher beschriebenen Biergartenrevolution. Besonders engagierte sich der vormalige Ministerpräsident Stoiber, den man gerne des Trinkens von Kamillentee aus dem Steinkrug bezichtigte, mit seinem Rettungseinsatz für die Biergärten im Zeichen des Münchner Kindls.

# Da Noagla

Er trank Bierreste in Form kleiner Masskrugneigen, aus Geiz oder Not, hier in der Schwemme (Waschanlage aus der Reiterzeit) des Münchner Hofbräuhauses. Die gebrauchten Krüge standen noch eine Weile auf dem Tisch und ermöglichten so dem *Noagla* den Zugang zu den Resten, wodurch lange auch der Bedürftige, der *Noagalschlecker*, seinen Rausch haben konnte. Die Gesundheitsämter haben später dieser Gepflogenheit, dass die Armen zur Neige gingen, einen Hygiene-Riegel vorgeschoben, zumal das Reinheitsgebot so nicht zu gewährleisten war.

Ein Extrem längst verlorener Besonderheiten war auch das *Hakelsteckenpieseln* (ohne Foto), wobei man, um nicht auf den Abort zu müssen, die stoffgewechselte Flüssigkeit am Spazierstock runter auf den Boden rinnen ließ – auch Garant olfaktorischen Flairs.

# Bayerischer Sommer

Sommer, diese kurze Zeitspanne im ländlichen Leben, die neben bäuerlichen Großkampftagen der Heuernte im unbarmherzigen Licht gleißender Sonne auch den Zauber lauer Sternennächte kennt, in denen mondbeschienen und begleitet von der Grillen unaufhörlicher Nachtmusik an vereinzelten Lagerfeuern Sommergäste sitzen, die aufpassen, dass ihre Kinder, die mit selbstgebastelten Holzspießen kleine Würstchen braten und dabei mühsam dem Schlaf trotzen, weil ihnen die Eltern versprochen haben, die dürften so lange aufbleiben, wie sie wollen, nicht zu nahe ans gefährlich lockende Feuer gehen. Abseits aber, wo das Licht, das dieses Feuer verbreitet, dem Dunkel nichts mehr anhaben kann, begegnen sich zur selben Zeit verstohlen die älteren Geschwister dieser feuertrunkenen Zwerge aus Stadt und Land und werden erstmalig vorsichtig in der seltsamen Angelegenheit der Hingabe tätig, die, von einer Minute auf die andere in ihrem Innersten, die Revolution entfesselt, und zwar so sehr, dass alles, was bisher geschehen, nur noch blass ist. Und nur eine Gewissheit bleibt: Es ist Sommer.

Bayern im Sommer, speziell an längeren Wochenenden, das ist wie New Orleans. Überall liegt Musik in der Luft. Das bayerische French Quarter ist die Folge des bayerisch ausufernden Dranges, im Sommer zahlreich und intensiv Sommerfeste zu feiern. Von allen Bergfesten, Festplätzen, Bierzelten, Prozessionen, Seefesten, Strandfesten, Gartenfesten, Jubiläumsfeiern, Darbietungen für Touristen, von all dem und noch viel mehr ertönt Blechblasmusik. Diesem Sound, ob man ihn mag oder nicht, ausgeschlossen, ihm zu entkommen.

Aber: Die größten Räusche, die zartesten Empfindungen, manchmal auch alles auf einmal, sie sind im Gedächtnis bayerischer Menschen mit Blasmusik unterlegt.

»Wenn der Wind des Bayerischen Waldes mir hochsommerlich Fetzen von Blasmusik herüberträgt, erwacht in mir die Heimat meiner Kindheit«, habe ich einst in einem Kabarettprogramm gedichtet. Und genau dieses Gefühl setzt auch ein, wenn ich das Bild der vom *Kircherl* wegmarschierenden Blaskapelle sehe, ein Lob dem Fotografen: Diese Aufnahme ist Musik. Noch von der Sonne bestrahlt, aber hinten schon von dräuendem Schwarz-Grau bedroht, biegen die Musikanten wahrscheinlich gerade zum Festplatz ein, um dort im Bierzelt zu spielen, in dem die Leute diskutieren, ob dieses Jahr das Wetter hält. Und wie jedes Jahr wird man später auf dem Heimweg vom Volksfest noch nassgeregnet, und wie jedes Jahr war es nach einigen Defiliermärschen und einem gerüttelt Maß an »Prosit, der Gemütlichkeit« schon lange vor dem Regen auch schon wieder *Wurscht*. Hauptsach' *Gaudhi*!

Blasmusik ist Erinnerung, obwohl ich sie eigentlich gar nicht mag – und deswegen finde ich sie wunderschön!

Was heißt da Widerspruch? So extrem muss man in Bayern schon sein.

Canon

# CHOLERADIERUHRDIARRHOE

Vergessen Sie die Überschrift. Das Jodeln ist kein Fall für die Krankenkasse! Nein, *xund samma*, wir brauchen Trill mit Jod-S-11 nicht, wachsen wir doch alle mit Bad Reichenhaller Jodsalz auf, dem bewährten Erzeuger einer notwendigen Kehlkopfgeschmeidigkeit.

Und somit haben wir einen gesunden Jodlerbestand, oft singende Brauchtumswirte nebst Anhang, die beim angesehensten musikalischen Heimatpfleger, Dr. Erich Sepp (großes Foto r.), die Momente des Wohllauts erlernen oder noch verfeinern dürfen und damit den fernöstlichen Jodel-Aliens überlegen sind.

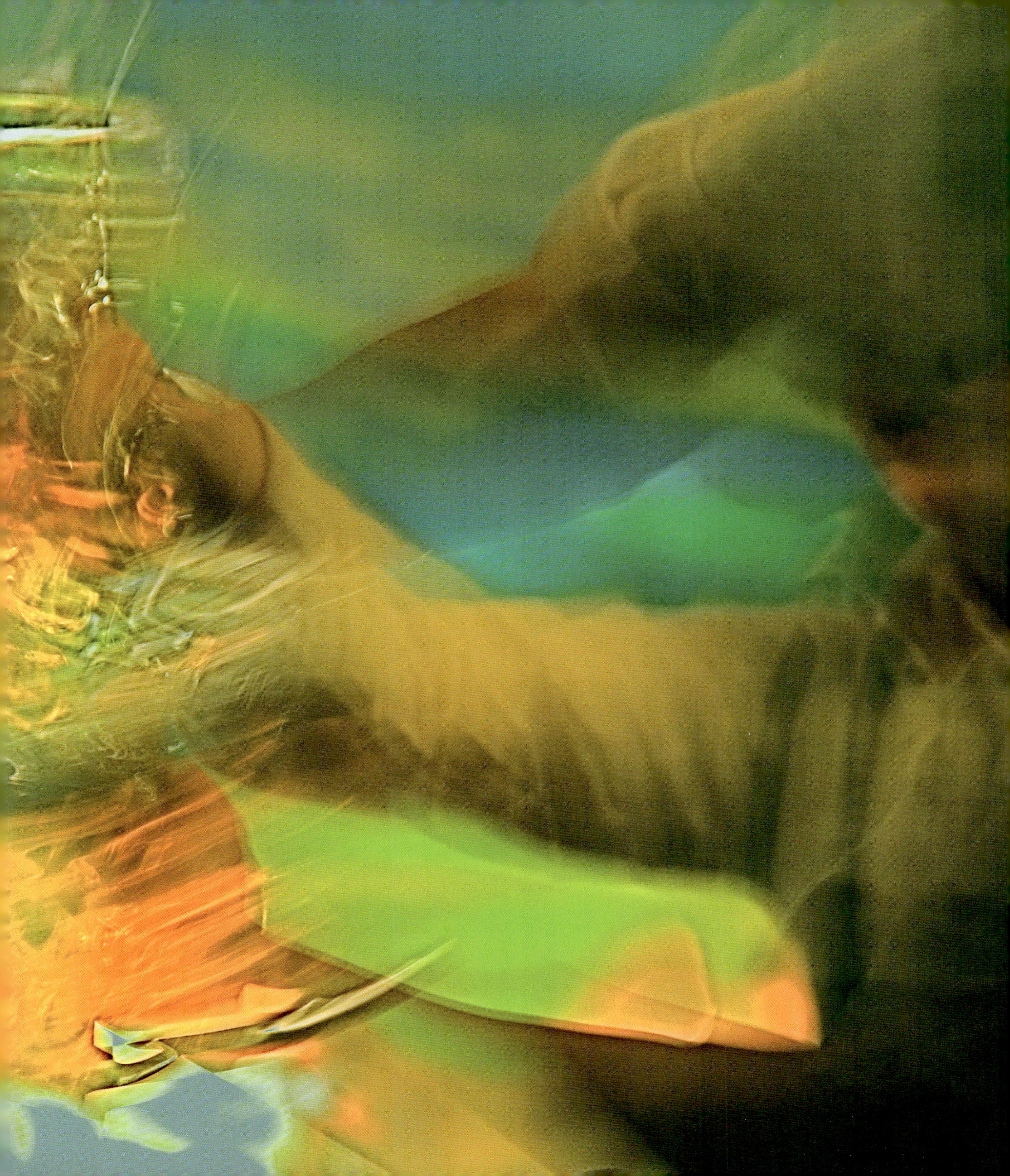

# Der schaumgeborene Rausch

*Theresienwiese, Herbst in Bayern: München leuchtet. Verlockung.*
*Myriaden von Lichtern zaubern nächtliches Oktoberfest.*
*Gebrannte Mandeln über Bier und Riesenbrezen*
*Und Kinderaugen, staunend, bevor hinter Bergen aus Zuckerwatte die Kinder langsam verschwinden.*
*Budenzauber, Menschenmassen.*
*Nichts Menschliches ist da mir fremd.*
*Zielstrebige, Aufrechtgehende, Torkelnde, Verliebte und Streitende.*
*Trachten, Trachten und Trachten.*
*Auf dem Jahrmarkt der Eitelkeiten.*
*Vertraut ist schon der Weg! Wo ist das Ziel?*
*Löwe brüllt von oben …*
*Beschluss beim Lachsersatz: Gebrannte Mandeln erst auf dem Heimweg, Herz mit Text – dito!*
*Fort nur von der Fahrgeschäfte Kreischen, das der Wind vom Looping überträgt.*
*Die Verliebten unschlüssig, wie sie die Nacht überstehen.*
*Der Generaldirektor passiert Schiffschaukelbremser,*
*wird vom Nobelzelt abgewiesen, ist plötzlich weder General noch Direktor.*
*Der Bremser deckt seine Schiffchen zu.*
*Von oben brüllt und lockt Gemütlichkeit.*
*Hinein in die Kathedralen des Prosit.*
*Und alle Menschen werden Brüder …*

Für sein Selbstwertgefühl braucht der Bayer lediglich bayerische Äußerlichkeiten, die ihn erfolgreich, sensationell und gewaltig aussehen lassen. Und schnell kann er fündig werden: Das Oktoberfest, alias die Wiesn, besticht seit 1810 durch eine ständig wachsende immense Außenwirkung, weil es als Superlativ der internationalen Volksfestkultur und bayerisches Aushängeschild für die ganze Welt den Bayern unangefochten dorthin setzt, wo er meint hinzugehören: in den Bereich »oft kopiert, nie erreicht«.
Jedes Jahr, abgesehen vom November 89 – da war für kurze Zeit die Aufmerksamkeit mehr bei »The Berlin Wall«, – erweist sich das Oktoberfest, neben vielleicht dem Münchner Hofbräuhaus, als besonderer Trost und wirksame Labsal für die wundgescheuerte Seele des so oft verkannten Bayern. Natürlich führt kein Weg daran vorbei, dass man Münchner und Bayern dafür in einen Topf werfen muss.

Aber wie sagte doch gerne ein berühmter bayerischer Staatsmann?
»*… et respice finem!*«
Und bedenke das Ende: Die terminliche Festsetzung dieser Großveranstaltung gemahnt, bei aller in Aussicht gestellter Lustbarkeit auch an die Endlichkeit: Der Zeitpunkt für das 16 Tage dauernde Fest wird vom Ende her berechnet, und so beginnt es immer an ein<em Samstag im September, und zwar so, dass der dritte darauf folgende (letzte) Wiesn-Sonntag immer der erste im Oktober ist. (Seit Neuestem geht's noch einen Tag länger, wenn der Nationalfeiertag, der 3. Oktober, auf einen unmittelbar darauffolgenden Montag fällt.)

Dieser größte Jahrmarkt der Welt, die Mutter aller Volksfeste, quasi ein ins Herz der Heimat gestampfter Mikrokosmos des bayerischen Gemeinwesens, ermöglicht uns die Expedition in den kollektiven Rausch eines großen Teils des ganzen Volkes. Er bringt uns den Einheimischen, seine Welt, sein Auftreten, seine Gastfreundschaft, bisweilen auch -feindschaft, also seine seltsam schillernde, großzügige Weltoffenheit, unaufhaltsam näher, öffnet seine Seele und legt seine Sinnlichkeit des Feierns, seine Freude an der Geselligkeit und am Genießen mit allen Sinnen blank. Die Wichtigkeit dieser Veranstaltung wirft zwar manchen Unbeherrschten in die verfrühte Selbstaufgabe. Zu hoch ist die Erwartungshaltung, weswegen das unsichtbare Lebkuchen-Wiesn-Herz der Frühversager auch mit dem Schriftzug »Scheitern als Weg« versehen sein müsste. Die Rede ist von den alljährlich schon vor der Schlacht Gefallenen, die, von feuchtfröhlicher Vorfreude – endlich Oktoberfest! – beseelt, auf Grund ihrer eigenen Vorbereitungen zur Festtauglichkeit den bierbedingten K.O.-Level in Form der narkotisierten Ohnmacht pünktlich zu den zwölf Böllerschüssen des offiziellen Anzapfauftakts erreichen. Sie belegen nun friedlich das Ereignis verschlafend die umliegenden Grünflächen und Bänke, bereits festlich umflort vom süßen Duft gebrannter Mandeln, oder sie taumeln bewusstseinsbefreit zwischen den im ganzen Stadtgebiet abgestellten Wohnmobilen der italienischen Oktoberfest-Tifosi ziellos umher.

Auf den für den Verkehr gesperrten Straßen der Münchener Innenstadt, gesäumt von begeisterten Menschen, zieht alsdann, angeführt vom Münchner Kindl, die Korona der gastgebenden Wirtsleute

Maurermontag, Oktoberfest 1974

vorbei: Für 16 Tage sind sie Inhaber der Macht über das Vergnügen des Volkes, Hüter der Boxen, Ernährer der Feiermenge, Verteiler von Bier und Freibier, professionelle Einsammler von Bier- und Hendlzeichen, Schlüsselmeister vom Esprit der Betäubung und hochangesehene Pfeffersäcke des Flüssigen. Herausgeputzt in edlen Kutschen hinter herrlichen Pferden platziert winken trachtengrüne Eminenzen, Grandseigneure mit lieblichem Anhang in rollenden Blumeninseln wohlwollend zur potentiell durstigen Zielgruppe: die Wiesn-Wirte.
Mit prächtig geschmückten Bräurössern, mächtige Gespanne, die kaltblütig die Bierfass-Attrappen der auf dem Fest ausschließlich zugelassenen Münchner Brauereien zur Freude der Städter Richtung Festwiese ziehen, bewegen sie sich, begleitet von Stadtschickeria und Abordnungen handverlesener Wiesn-Bedienungen auf ähnlich fein geschmückten Fuhrwerken sowie dem Kutschwagen aus einer Remise der Landeshauptstadt, in dem der Münchner Oberbürgermeister und weitere Honoratioren Platz nehmen, durch das Stadtbild.
Unter dem Jubel der Masse erreicht der Zug schließlich die schon jetzt fast überfüllten Zeltstätten der Theresienwiese, die den Festwirten Ruhm, Ehre und Ansehen, aber auch die vom Neid geschürte Vermutung einbringen, dass es sich beim Zelt-Betreiben um einen relativ lukrativen Job handeln muss.
Beim Einzug im Jahre 1950, berichten die Chronisten, habe der alte Schottenhamel, der Wirt vom gleichnamigen Zelt, am Straßenrand unter den Schaulustigen zufällig den damaligen Oberbürgermeister Wimmer auf dem Weg zur Wiesn entdeckt und ihm spontan eine Mitfahrgelegenheit in seiner Kutsche angeboten und sofort zum Anzapfen vergattert. Dadurch hat er die inzwischen traditionelle »amtliche« Oktoberfesteröffnung durch den Oberbürgermeister der Landeshauptstadt München in der Festhalle Schottenhamel begründet, heute der wichtigste Prüfstein einer Münchner OB-Karriere. *Si non è vero è molto ben trovato.*
In Sachen Wetter schwebt zu Recht Prinzip Hoffnung über der ganzen Veranstaltung, sind doch einige der Zeltbarone wie jedes Jahr fürs Wiesn-Wetter auf Wallfahrt gegangen und haben eine große Kerze gestiftet.
Im Gegensatz zum Schausteller vom ambulanten Gewerbe, der gerade den Sonnenschein, der so oft das ganze Fest beneidenswert bestrahlt, liebt, bevorzugt der gemeine Wirt dagegen den leicht kühlen, bewölkten, aber an sich zuverlässig trockenen, im klassischen Sinne aber nicht so schönen Tag, weil ihm das, zusätzlich zu den längst ausreservierten Zelten eine umsatzoptimal hohe Fluktuation biertrinkender Wiesn-Bummler auf den nicht überdachten Freischankflächen im Außenbereich um das Zelt herum garantiert. In der Regel darf man trotzdem nach zwei oder drei Schlechtwettertagen gewiss sein, dass die ersten Wiesn-Wirte, um der meteorologisch bedingten Verarmung vorzubeugen, vorsichtshalber beim Sozialamt vorstellig werden.

Doch nun zum Anzapfen, zum Initiationsritus Wiesn-Eröffnung! Diesen weltweit beachteten heiligen Akt, den alternativen *Bierseligkeits-urbi-et-orbi*, vollzieht der Münchner Oberbürgermeister in Form der hammerharten Gepflogenheit des Wechseleintreibens ins noch jungfräuliche Fass, symbolischer Deflorationsakt wider die Wiesn-lose Zeit mit Kanonenstart für strengstes Timing bei der Zapf-Erlaubnis für alle

... so ein Kaschperltheater!

Zelte auf dem 31-Hektar-Gelände des weltgrößten Volksvergnügens.
Und wenn er endlich, möglichst unter drei Schlägen, fertig ist, muss der OB sein aus- und erlösendes *O'zapft is* hinausschreien in eine vergnügungssüchtige Volksfestwelt.
Wie auf Befehl werden alle Tische in Rekordzeit mit schaumigen, auf einen Liter geeichten Maßkrügen unter den Argusaugen des zahnlosen »Vereins wider das betrügerische Einschenken« versorgt: Wiesn-Bier für die erste Schicht der wie jedes Jahr erwarteten sechs Millionen Besucher, die in den 14 Festhallen mit bis zu zehntausend Sitzplätzen und den 15 kleinen Zelten von stechendem Durst gepeinigt endlich den erlösenden Trunk bekommt.
Diesen Dienst verrichten normalerweise altgediente Bedienungen der Extraklasse, die für diese turbulenten 16 Tage oft extra Urlaub nehmen, ihre Tische wie Erbhöfe verwalten, vertraut mit jedwedem Schicksal der Stammgäste und genau die Pappenheimer kennen, wie zum Beispiel jenen genussfreudigen Münchner, der sich gern eine Schaumige, also bewusst nicht so gut eingeschenkte Maß, zu Gemüte führt, von der er auch noch ein *Noagerl* (eine kleine Neige) im Krug belässt, weil er, der Frische wegen, quasi nur das »Filet vom Bier« trinkt.
Spätestens eine Stunde später hat die Lebensfreude die Vergnügten auf die Bänke getrieben, und die Zelte müssen wegen Überfüllung geschlossen werden. Es ist nicht mehr ratsam, das Zelt kurz verlassen zu wollen, weil eine Phalanx von Türstehern den Wiedereintritt verweigern wird.

Gedränge überall: Schaulustige, Paparazzi, Fotohandybesitzer. Glanz und Glamour in den Voyeuristen- und Celebrity-Hochburgen Hippodrom (Zutritt nur mit Legitimationsarmbändchen) und Käferzelt (deplatziertes österreichisches Schihüttenambiente für Schickeria-Prolls, welche der »Schampus-aus-Ton-Maßkrug-trink-Attitüde« frönen). Durch ihr hochgestochenes Promitreiben und ihre drastisch gehypten Showexistenzen haben die Nobelzeltler die Wiesn endgültig auch in die Klatschspalten der »Halb-so-wichtig-Presse« gehievt und damit zum bundesweit beachteten Gesellschaftsevent gemacht.
Folgendes Szenario könnte Wirklichkeit werden:
»... und schon wieder ist ein Prominenter so lange von fotogeilen Fans, die mit ihrem Fotohandy nicht umgehen können, mit Beschlag belegt worden, dass die eigentliche Absicht seines Ganges ganz schön in die Hose gegangen ist.«
Solch Almabtrieb aufgeschmetzter Prominenter der A-, B- und C-Klasse im Dunstkreis einer sensationslüsternen sympathisierenden Fangemeinde, kocht in der Boulevardpresse immer wieder eine Diskussion hoch, ob durch diesen Jahrmarkt der Eitelkeiten nicht das Wesen der Wiesn in die Entartung der Laufstege und roten Teppiche gerät und damit den Volksfestcharakter verliert. Eine müßige Diskussion, gehören doch die schillernden Schicki-Mickis genauso zum Volk wie alle anderen, haben also durchaus das Recht, ihre Freizügigkeit auch für einen Wiesn-Besuch in Anspruch zu nehmen, zumal sie als bunte Vögel für Flair und Abwechslung sorgen, was das Volk bekanntermaßen belustigt.

Das Oktoberfest, diese Großverkaufsstelle für Bier (vier bis 6,5 Millionen Liter) und *Hendl* (einst bis zu 750 Tausend pro Fest, zuletzt nur noch 450 wegen des erweiterten kulinarisch höchst schmackhaften Speisenangebots der Festwirte), ist nicht nur eine durchaus lukullische Angelegenheit mit, gemessen an der Masse der volltrunken Versammelten, relativ wenig gravierenden negativen Vorkommnissen und Zusammenstößen, nein, sie ist eine Mega-Begegnungsstätte für jedermann, tolerant und gastfreundlich, mit einer einzigartigen Chance für freundschaftliche Kommunikation mit durchaus völkerverbindendem Charakter, wo es heißt: »Hier bin ich Mensch, hier kann ich's sein!«, aber auch mit optimaler Gelegenheit zur Schaffung temporär stark begrenzter Zweierbeziehungen.
Die Kontaktbörse Oktoberfest funktioniert und bietet große Auswahl. So findet man, um einmal ein paar Beispiele zu nennen, in der Bräurosl verstärkt Schwule, im Hofbräu die Trinksportkoryphäen von *down under*, *Kiwis* und *Aussis*, mit der Entourage begnadeter Exhibitionistinnen, deren Spaß darin besteht, die Ordner durch leibhaftige Erzeugung nackter Tatsachen auf Trab zu halten.

Die klassische Tracht verabschiedet sich zunehmend. In den Vordergrund schieben sich die Dekolletees der Designerdirndl, bei denen es oft durchaus angebracht wäre, laut nach einer strengen Trachtenpolizei zu rufen. Die bayerische Tracht, einst von Gau zu Gau verschieden, erlebt eine grauenvolle Lebendigkeit und avanciert im Einheitsformat zur Wiesn-Uniform: Die Herren in Lederbundhosen mit freigelegten Waden, weiße Leinenhemden mit Monogramm, gewalkte Wolltrachtenjacken, in Beige und Braun gehalten, und zu fortgeschrittener Stunde der graue Hinkelstein-Filz-Gaudihut mit der weißblauen Hutschnur. Antipodisch dazu beige-gelbe klobige Bergschuhimitate für Mann und Frau. Letztere trägt zum klassisch dekolletierten Ledermieder ein Miniröckchen, das aussieht wie die kleinen chinesischen Papierschirme, die in den Eisdielen auf die Becher gesteckt werden, dazu ein Jäckchen aus Sackleinen mit auf den Rücken gedruckten, obskuren Angaben in feinstem Gotisch: »Hammermühle 1618«. Schlüssiger, wenn überhaupt, wäre vielleicht die Aufschrift »Moulin Rouge – Oberpfalz 2010« oder, noch einfacher, auf dass man einen Schimmer bekommt, woher der Hang zum Partnerlook: »Kötschenbroda 89 – Wir sind das Volk!«
Durchaus förderlich sind diese Fantasy-Trachten mit der speziellen sexuellen Note als modische Reizauslöser für die beliebte Bayernsportart »Weiberabschleppen«, die unmittelbar einsetzt, sobald man sich die Grazie in »Nouvelle Couture Trachtoide« schön gesoffen hat.
Nichtsdestoweniger ist der Fest-Dresscode demokratisch: In freier, gleicher und heimischer Auswahl darf jeder anziehen, was er will.

Die Wiesn muss sich sowieso jeder selbst gestalten. Die Gedächtnislücken des Vorjahres sorgen dafür, dass man jedes Jahr alles wieder neu erfahren muss. Die meisten vergessen nämlich immer wieder, dass es an diesen Tagen ab spätestens 23 Uhr kaum noch Taxis gibt.

Meine persönliche Wiesn-Polung und Initialzündung, mein spezielles »Wiesn-GO«, erteilt mir die klassische Fischsemmel mit den giftig roten Seelachs-Ersatz-Schnitzeln, die schon beim bloßen Anblick die designierten Promille um ein beträchtlich Maß vermindern, weil sie ihnen die Freude an Inbesitznahme meines Körpers vergällen. Wahrscheinlich nimmt mir auch dieser abartige maritime Appetizer eventuelle sündige Gedanken bezüglich eines möglichen Hauptgangs aus Kettenkarussell an 16er Looping (oder, wie viele sind's jetzt? Ich erinnere mich gerade mal an den Dreierlooping, denn ich gehörte schon immer zur Riege der Fahrdienstverweigerer – wenn ich schon das Bier gut vertrage, dann darf ich nicht die Übelkeit durchs Fahrgeschäft kontraproduktiv herausfordern).
Ich bevorzuge und unterstütze auch lieber die charmanten Überbleibsel der alten Zeit. Ich beehre mit meinem Besuch das Teufelsrad, ein Gerät für befreiende Schadenfreude und ähnliche Gefühle, so wie ich auch der Volksfestattraktion »Toboggan« das Wort rede und auch die aberwitzige wie durchaus überzeugende *Unperformance* vom *Schichtl* genieße und beim Flohzirkus, dem *Vogeljakob* und im Kasperltheater vorbeischaue. Erwähnt sei auch noch die ehrwürdige *Krinoline*, allein schon wegen ihrer seniorenfreundlichen Drehzahl.

Doch zurück auf die Sitzplätze, denn unverbrüchlich bleibt das Oktoberfest ein Getränke- und Kommunikationsevent, der nach dem Motto »Alle Menschen werden Brüder« unterschiedlichste Typen in der Geselligkeit vereint: in den Boxen eher freibiermäßig kleinprivilegierte »Bessere«, oder, wie's so schön auf Bairisch heißt: »G'wappelte«. Und in der Mitte die Volksoper. Das an sich oft bedenkliche Volkstümliche, sei's die Musik, sei's die Unterhaltung, weicht einem verspielten Miteinander von Menschen mit gleichen Interessen: Sie alle wollen einen Rausch, wenn nicht vom Bier, so doch durch die Situation.

Doch wie so oft im Leben wird einem vom Kollektiv die Entscheidung abgenommen, und so entkommt ihr keiner, der Bereicherungshymne, der perfidesten Versuchung, die je für ein Trinkereignis erfunden worden ist, dem »Prosit der Gemütlichkeit«.
Da wird wahrlich mächtig liquidiert. Nehmen wir mal ein Zelt mit 6900 Besuchern, von denen 2300,

also ein gutes Drittel, gerade kommen oder gehen, nichts haben oder gerade beim Bestellen sind oder sich unpässlich fühlen oder beim Mann mittrinken. Somit sind also beim »Prosit der Gemütlichkeit« bei vollem Haus ungefähr 4600 Maßkrüge in Betrieb, aus denen auf das Kommando oans, zwoa, gsuffa jeweils 0,2 Liter Bier getrunken werden, was in etwa 900 Liter ergibt. Ein Drittel trinkt aber nur 0,1 Liter, das sind die, die gerade abgelenkt sind mit Streiten oder Essen, also den Mund zu voll haben. Wir müssen also etwa 150 Liter abziehen. Es bleiben noch 750 Liter. Ein Sechstel ist während des Prosits eingeschlafen oder überhaupt unkonzentriert, weitere 150 sind also abzuziehen, und wir sind bei 600 Litern. Ein weiteres Drittel, das vorerst letzte, steht zu diesem Zeitpunkt in der Schlange vor dem Klo, fährt Looping oder sülzt seiner neuen Bekanntschaft ins Dekolletee. Andere, die auch imponieren wollen, sind am Armdrücken oder lassen gerade einen Schlüsselanhänger herstellen und entziehen sich so der Trinkaufforderung. Ebenso fehlen jene, die wegen Wiedereintrittsbehinderung durch den Türsteher von ihrem Krug ferngehalten werden. Somit kommen weitere 300 Liter zum Abzug, und wir erhalten den Schluckwert des Zeltes beim Prosit: 300 Liter. Jetzt noch einen halben Hektoliter Messtoleranz berücksichtigt, und wir sind pro »Prosit der Gemütlichkeit« bei 250 Litern. Von 19 bis 23 Uhr, viermal in der Primetime à fünfmal die Stunde ergibt 5 Hektoliter, 5000 Maß am Abend, macht, exakt eingeschenkt, bei einem Bierpreis von 8,90€ genau 44500€ – allein in den Hauptgeschäftsstunden. Nicht schlecht, da passt der Name *Trinkgeld*!
So sieht's am Abend aus, tagsüber bietet die Wiesn die wunderbare Möglichkeit des stressbefreiten Mittagsmahles, allein schon, weil die Blasmusik leiser und das Gedränge geringer ist.

Natürlich gibt's oft auch Zoff im Wiesn-Idyll. Aber da liegt der Unterschied zur restlichen Welt: die Katastrophe ist nicht das vorherrschende Element. Eigentlich will man sich vertragen.
Im Prinzip ist die Wiesn ein Volksfest wie all die anderen auch. Bayern ist ein Land von Festen und Dulten, Feuerwehr- und Pfarreijubiläen. Sie werden die Exorbitanz *der Wiesn* niemals einholen, aber ideell sind sie auf Augenhöhe, bieten sie doch noch Volksbelustigungen wie Box- und Ringkämpfe, bunte Abende und Ähnliches, vom Preisboxen über Steinheben bis zum Wettkampf mit Beteiligten aus eigenen Reihen, vom Maßkrugstemmen bis zum Wettschnupfen. Es findet sich dort viel Schräges, weitaus archaischer als in der Hauptstadt. Dort ist es auch kein Thema, also eher »Wurscht«, wo man bierbedingt sein Wasser abschlägt. Nicht so auf der Wiesn, da geht's repressiver ab: »Wild bieseln« oder, wie es wohl auf neudeutsch heißt, »outdoor urinating«, ist verpönt und mit Geldstrafe belegt. Da kommt man auch nicht mit der Ausrede durch, der Harndrang käme von einer Überdosis »Prosit der Gemütlichkeit«, die nicht einmal mit einer Großpackung Granufink in den Griff zu kriegen sei. Und somit gehört folgende Anekdote der beiden Betrunkenen, die außen am Zelt stehen und pinkeln, der Vergangenheit an beziehungsweise fällt der Illegalität anheim.
Der Eine:
»Ich versteh das nicht. Bei dir ist's so ruhig, und bei mir scheppert's so.«
Darauf der andere Pinkler:
»Kein Wunder. Du bieselst an die Mülltonne, ich an deinen Mantel!«

# *Wiesn*-Dämmerung

Wo der eine darf, dürfen die anderen noch lange nicht, weil auf der *Wiesn* nur Münchner Brauereien zugelassen sind. Das ändert auch kein Wittelsbacher. Aber angestochen wird überall, wie der Bräu (Graf von Cramer-Klett) aus der Provinz beweist. Daneben (groß) das weltweit übertragene Premiumanzapfen des *Mayor of Munich*.

Dieses *O'zapft is* hat durchaus das Zeug zum Politikum. Nach dem wohl extremsten Terrorakt aller Zeiten am 9. September 2001 wurde aus Gründen der *political correctness* unter den Augen der Welt im Krisenstab die *Wiesn*-Absage diskutiert. Weil aber New Yorks Bürgermeister Giuliani mit dem Chairman der Steubenparade, Bill Hetzler, übereingekommen war, den äußerst zeitnah stattfindenden Umzug erst recht durchzuführen, um sich vom Terror nicht in die Knie zwingen zu lassen und schnellstens zur Normalität zurückzufinden und das genauso in die Diskussion eingebracht wurde – war das auch fürs Oktoberfest das Startsignal und brachte dem Deutschamerikaner Hetzler den Ruf eines *Wiesn*-Retters ein.

Schützenzelt

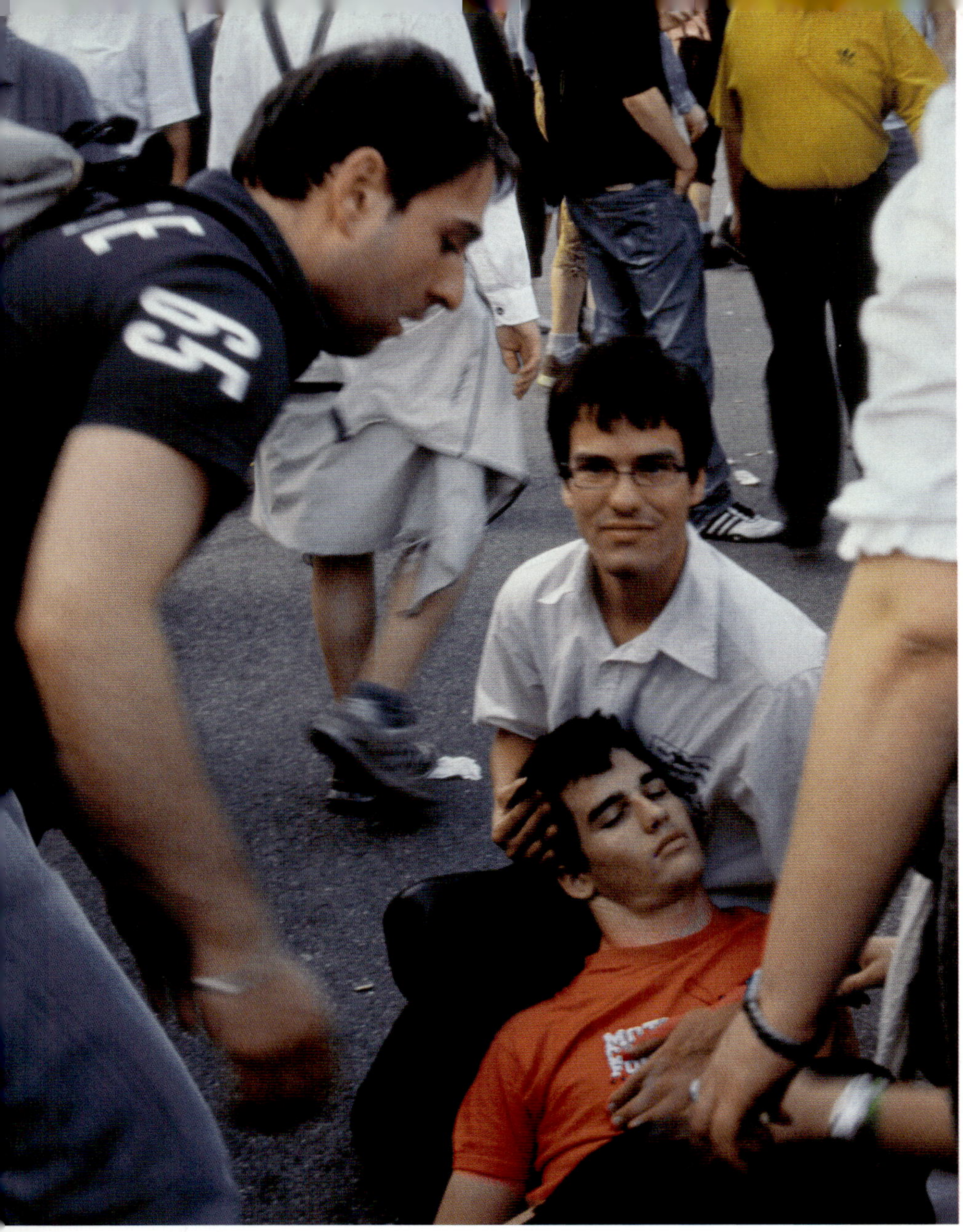

# Eines langen Tages Reise in die Nacht

Willkürliche Chronologie eines Wiesn-Besuches in Bildern:
irgendwann, nach der letzten Mass Bier, aufs Teufelsrad, den Klassiker mit Losergarantie. Unter miesesten Sprüchen lässt man dich nach Belieben fallen, in Ausnutzung alkoholbedingter, verlorener äquilibristischer Fähigkeiten – zur Freude der Voyeure (auch als Boxkampf – noch peinlicher!). Dann nochmal zu den wohlfeilen Töpfen der lachenden Bedienung via Befreiungshalle (wie gewonnen, so zerronnen), aber der Zustand bleibt! Folge: Tagestiefschlaf – und man spart sich so das Taxi!

Jung und Alt
Gross und Klein
und fröhlich sein.

# Wirr im Kopf …

Alle Jahre wieder: der letzte Schrei der Volksfesttechnologie. Schneller. Höher. Weiter. Runter und wieder rauf.
Aus dem Textbuch des Fahrgeschäftspropagandisten: »Eine schöne Fahrt, eine wunderbare Fahrt! Und, huiiiiiii! Wieder zurück und zusteigen und hinein ins Vergnügen! Das macht Spaß! Das gefällt! Jetzt zusteigen …«
Bei der Achterbahn kommt dir schon manchmal der Gedanke, ob du dir nicht doch alles nochmal durch den Kopf gehen lassen solltest, um wenigstens dem restlichen Körper etwas Klärung zu verschaffen.
Aber bevor ich durch schädelwehe Phantomschmerzen ganz wirr im Cockpit werde, geh ich lieber vorher zum *Schichtl* seiner Guillotine und lass mich köpfen.

Zur Wiedervorlage …

# Abschleppen,
## »ohne Fensterln«

*A bissel was geht immer.*
(Bayerisches Abschlepp-Theorem)
Von frivol bis libidinös, Ausdruck echten Gefühls, mitunter temporär sehr begrenzt, aber auch Fälle von ab sofort lebenslänglich!
Eine kleine Auswahl von Amors Bock- und Blattschüssen.

# Bizarr bayrisch

Handtaschenzielwerfen beim Münchner Christopher Street Day in bayerischem Gewande. Sowieso häufig zu beobachten: Bekennende Homosexuelle lieben das Kitschige, die Verkleidung und das Leder. Und so haben sie, sehr zum Leidwesen der offiziellen Heimat-, Brauchtums- und Traditions- sowie Trachtenpfleger (die in ihrer absolut gesetzten bayerischen Maskulinität maximal latent schwul, eher aber *bajuwarogenetisch* homophob sind), die bayerische Kultur entdeckt.
Inzwischen gibt's sogar *Schwulplattler*, die sich ums Brauchtum gleichermaßen verdient machen. Und so sehr beim klassischen Schuhplatteln Frauen eh nur Staffage sind, so bestechend ist die Logik, dass das ab jetzt von den Männern nur noch unter sich ausgemacht wird.

WORMLAND
PAULANER

# Nackte Tatsachen

Englischer Garten, München. Für katholische Kleriker, um sich zu entrüsten, aber auch beliebt als Anatomiepraktikumsfläche bei arabischen Sommerfrischlerfamilien aus dem nahegelegenen Hilton.

# Münchner Tram, ein öffentliches Verkehrsmittel

Weiß Gott, wenn das der Ferdl wüsste, wer weiß, was der da dichten würde beim Anblick von Schwarzfahrerinnen in seiner geliebten weißblauen Tram. So barfuß bis zum Scheitel, dass weder für Fahrgeld noch -schein Platz sich findet. Gott sei Dank, fahren sie wenigstens mit der Linie 17, die jungen Nixen, von der Tivolibrücke zum Haus der Kunst zurück, nachdem sie schwimmend, per Eisbach den englischen Garten durchmessen haben – und versündigen sich

damit wenigstens nicht an der heiligen Linie 8. Wäre aber letztlich auch zu verkraften. Ein Wagen voller Mädel, reizend angezogen, das hat ja in Bayern Tradition, da geht sogar die Kirche mit dem Beispiel voran, wenn man in diesem Zusammenhang einmal auf eine, mit den gleichen Mitteln bestechende erzkatholische Veranstaltung wie der Leonhardifahrt hinweisen darf. (s. S. 86)

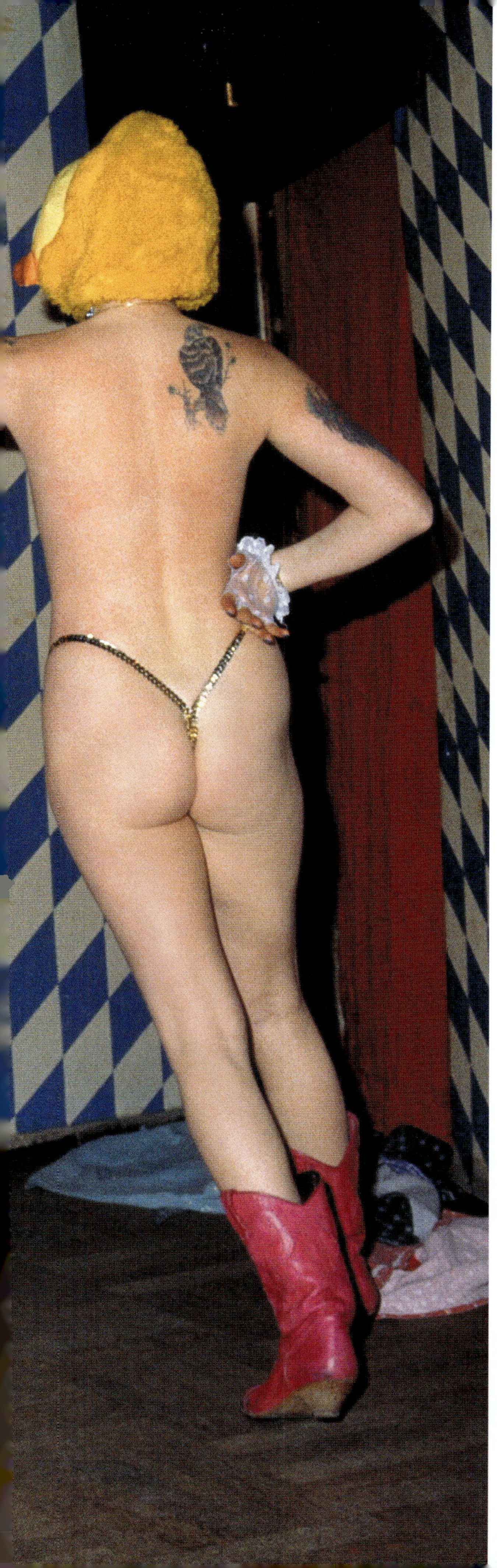

# Der blaue Engel

Schon seit langem geschlossener volkstümlich charmanter Bayernnachtclub in München, Haidhausen. Um bei der Nacktheit der bürgerlichen Nebenerwerbsballerinen und -bedienungen die völlige Entblößung zu vermeiden, wurden Masken eingesetzt. Aber der Rest bayerisch bis auf die Haut.

AUCH DIESE STADT HAT NAZIS SATT
MÜNZINGER
MÜNZINGER
Linda
HAARSCHMUCK
OPTIK
HÖRTKORN
Contactlinsen
BUGA
05
Marienplatz
EHRE?
DACHAU

# Extremsituation fürs christsoziale Extremismusmonopol

Der bayerische Weg des Umgangs mit beziehungsweise die Funktionalisierung von Extremisten aller Art: Auf 25 Nazis kommen an die zwei Hundertschaften Polizei und 3000 von den Nazis angewiderte Zuschauer. Ein bezüglich der Polizeiaufgabe bewährtes Deeskalationszahlenverhältnis, das sich auf Weltwirtschaftsgipfeln wegen hemmungsloser und effektiver Globalisierungsgegnerbeseitigung (Münchner Marienhof-Modell) großer Beliebtheit erfreut.
Bei nebenstehender Veranstaltung handelt es sich in Wirklichkeit wohl um einen geschickt eingefädelten Betriebsausflug der *Verfassungsschützenden-BND-Under-Cover-Fraktion-in-der-NPD*, die im Dienste der Verfassung, zu dieser fein und säuberlich angeordneten Aktion in Münchens guter Stube Marienplatz zusammengekommen ist, von wo aus, mittels dezenter Braunschocktherapie, der bayerischen Bevölkerung endgültig auf ewig ins Unterbewusste eingeblasen werden soll, was niemals vergessen werden darf, nämlich die Strauß-Doktrin, dass es in Bayern rechts von der CSU nichts geben darf. Also: Rechtsaußen ab in die CSU! Dort fallen sie nicht auf, sind aber weg von der Straße.

1955

# Sendlinger Mordweihnacht

## *Patriotismi Geburt*

Vater Staat und Mutter Kirche – von Zölibat kann bei dieser Großfamilie keine Rede sein – sind mit der großen Schar ihrer fein herausgeputzten Schützen-Zöglinge, alle aus der oberbayrischen Bergwelt, wo sie täglich neu im Abschießen von Böllern und der Liebe zum Vaterland unterwiesen werden, am Vormittag des Heiligen Abends nach Waakirchen bei Bad Tölz gepilgert. Dort, wo die Symbolfigur bayerischen Widerstands schlechthin, der Schmied von Kochel, daheim gewesen sein soll, haben sie sich zusammengefunden, um der anno 1705 bei der Sendlinger Mordweihnacht gefallenen Aufständischen – »Liaba bayrisch sterb'n als kaiserlich verderb'n« – zu gedenken.
Die im Altarraum zusammengepressten Schützen beweisen durch eine mimisch zur Schau getragene Teilnahmslosigkeit, dass das, was für den Menschen das Schönste sein soll, nämlich der Gottesdienst, oft doch nur das Langweiligste ist. Oder sie wundern sich, fragen sich gar, was in die Verfechter und zugleich Repräsentanten eines funktionierenden modernen christlichen Obrigkeitsstaates wie Bayern plötzlich gefahren ist, dass sie auf einmal, wenn auch postum, Terroristen hochleben lassen.

Zugegeben, die Sendlinger Mordweihnacht geschah 1705 und ging gegen die Habsburger Fremdherrschaft in Bayern, also gegen Österreicher, und niedergeschlagen wurde der Aufstand – historisch belegt – durch ein Würzburger Infanterieregiment, also Franken.
Aber wo soll das hinführen? Wenn wieder mal ein Franke Ministerpräsident wird, macht dann der Bauernverband mobil? Was treibt die CSU um? Sehen sie sich vielleicht nach Verlust der 40-jährigen absoluten Mehrheit wegen parlamentarischer Bedeutungslosigkeit selbst schon der APO zugehörig?
Die Antwort liegt im staatstragenden Know-how geübter Gewaltmonopolisten: Im richtigen Terroristen lauert immer auch der Anarchist. Es geht also darum, die Anarchie rechtzeitig zu verwalten. Und hier denken sich Kirche und CSU, wenn das funktionieren soll, gibt's nur eine Möglichkeit:
Wir machen auch den Extremismus selber.

Landesväter: Der abgebrühte Vorgänger klärt den in der bayerischen Bekleidungs-Etikette augenscheinlich noch unsicheren und den von der Maskerade befremdeten, ganz frischen Nachfolger über das Verhältnis von Tracht zu Manneskraft auf.

Maria!

# Ex Voto

*aufgrund eines Gelübdes*

*»Altötting, das ist wie Mekka, bloß mit Bier.«*

*Andreas Rebers*

# Da lacht der Herrgott

**1.** Bayern ist unverkennbar vom Katholizismus geprägt. Wenn man über Land fährt, wird solches deutlich, zum einen durch den optischen Eindruck der Kirchendichte, zum anderen durch die stets erstrebte und meist auch erfolgte kirchliche Einflussnahme auf politische Prozesse durch den Klerus mittels interessenorientierten Auslegens göttlichen Rechts. Das passiert zwar heutzutage nicht mehr mit dem mittelalterlichen Druckmittel jenseitiger Verdammnis, funktioniert aber auf Grund des traditionalistischen Umgangs der Menschen mit der christlichen Religion und der Kenntnis ihrer Ethik auch heute noch – mehr als bloß subtil. Deutlich wird das spätestens am Verhalten, das Politik und Gesellschaft einem Spitzenpolitiker gegenüber an den Tag legen, wenn dieser – zu einer Zeit, in der es um die Erhaltung der Macht geht – wider die Keuschheit und die eheliche Treue gesündigt hat und dadurch auswärts Vater geworden ist. Da hört dann der Spaß auf.

**2.** Das menschliche Antlitz des bayerischen Zwiebelturm-Katholizismus, mit dem unerhörten Gnadenangebot der Vergebung der Sünden, darf nicht darüber hinwegtäuschen, dass die Religion der Nächstenliebe, wie es der katholischen Kirche eigentlich in die Krippe gelegt worden war, sich auch in Bayern mit aller zu Gebote stehenden Vehemenz eingemischt hat: mit den Mitteln Drohung, Angst, Panikmache, der Inaussichtstellung von Höllenqualen, arrogante Desinformation über Dies- und Jenseits, mit allem eben, was Gott verboten hat, ganz selten aber mit Nächstenliebe, Vernunft und Sanftmut.
Nicht zuletzt deswegen hat Papst Johannes Paul II. seinerzeit einen strammen Ideologen aus Bayern an die Spitze der römischen Glaubenskongregation gestellt und so seinen späteren Nachfolger Ratzinger in ein Amt gehoben, das früher der Chefsessel der heiligen Inquisition gewesen war.

**3.** Die Bayern gelten als gläubige Menschen. Und so gibt es einige, die des Glaubens sind, dass das Extremste, was der bayerische Katholizismus in diesem Jahrtausend hervorgebracht hat, Benedikt XVI. heißt. Andererseits wird auch von bekennenden bayerischen Agnostikern und Antikatholiken berichtet, die stolz sind, dass der Papst aus Bayern stammt, die aber sonst nur glauben, dass zwei Pfund Rindfleisch eine gute Suppe ergeben und darüber hinaus mit besoffenen Exkatholiken im Wirtshaus begeistert Marienlieder grölen.

**4.** Durch meine Abstammung von einem westfälisch katholischen Vater und einer bayerisch katholischen Mutter habe ich als Bub erfahren, dass es bei den deutschen Katholiken landstrichbezogen gravierende Unterschiede gibt.
Zwar erfuhren meine beiden Großmütter, sowohl die preußische, als auch die bayerische, die fast identische Gnade des Glaubens, als ihre Lebenspartner starben: Beiden war es lediglich wie das Wechseln eines geliebten Menschen in ein anderes Zimmer oder Haus, und das nur vorübergehend, denn bald würde man wieder zusammen sein.
Der Charakter des lieben Gottes aber ist regional unterschiedlich, was man schon durch die sakrale Architektur erfährt: Der Passauer Dom ist barock, also hell, lichtdurchflutet, das Paderborner Gotteshaus ist

dunkel, als müsste dort der Katholik sich verstecken können, damit sein Gott ihn nicht sehen kann, im Gegensatz zum bayerischen Glied der Kirche, das glaubt, dass der Himmelvater nicht immer so genau hinschaut, wenn das Treiben einmal nicht ganz lauter ist. Diese grundsätzliche Einstellung zu einem liebenden Gott haben selbst prügelnde Pfarrer und alleinerziehende Priester dem bayerischen Glaubensvolk nicht austreiben können.

**5.** In ihrer Einstelllung zu Gott ähneln die bayerischen Katholiken dem auserwähltem Volk. Beide haben sie ein fast humoristisches Verhältnis zum Herrn entwickelt. Die Juden in der Wüste waren einer Theokratie, dem seltenen Fall einer Gottesherrschaft, unterworfen, wobei Moses als von Jahwe etabliertes Bundesgesetzblatt und Regierungssprecher fungierte.

Da stellte sich die für Untertanen eines so wankelmütigen Souveräns zwangsläufig die Frage, wie man mit diesem ausgemachten Erzpotentaten namens Gott umgeht, bei dem man als Menschenwurm in Äonen nicht auf Augenhöhe kommt, wie man sich als Erdling diesem unbeeinflussbaren Wesen gegenüber benimmt.

Neben Opferungen und Verehrung bleibt da nur der Humor. Aber hört Gott überhaupt zu? Schaut er vorbei im Theater seiner Geschöpfe, wenn diese ein göttliches Satyrspiel aufführen, und wenn ja, versteht er Humor? Das mit Hiob war ja nicht so witzig! Andererseits verlangt er, dass dem Ochsen, der da drischt, nicht das Maul verbunden werden soll.

Kurzum, die Juden entschieden sich in weiten Teilen für den Humor, erfanden den jüdischen Witz und wurden zu einer Art kluger Hofnarren im Reich des Religiösen.

Bloß der Hofnarr ist es, der den Zugang zu seinem Herrn über den Witz findet, weil er durch geschicktes Formulieren selbst die schlimmsten Dinge in einem Licht der guten Laune darzustellen weiß. Er entkommt meist trotz fehlender *correctness* und der daraus resultierenden verbrämten Unbotmäßigkeit einer zu erwartenden Bestrafung.

Die Bayern vom »Herrgott sein' eig'nem Land«, dem gelobten Staat Bayern, sind von klein auf, wegen hoheitlich antrainierter Bibelfestigkeit, mit dem *israelitischen way of life* vertraut, befleißigen sich eben dieser Methode. Sie nehmen sich sogar die Freiheit heraus, mit dem »Brandner Kaspar« dem Herrn deutlich zu machen, dass als Paradies gefälligst nur ein ideales Bayern durchgeht.

Natürlich darf man, einmal diesen Weg eingeschlagen, den lieben Herrgott nicht nur mit den seichten Mitteln der Comedy bedienen. Dieser Humor braucht Intelligenz und Weisheit, aber auch ein gerüttelt Maß an Schlitzohrigkeit – Gott muss lachen können und vielleicht sogar drauf reinfallen.

Und so ist es nachvollziehbar, dass die mittelalterlichen Mönche in der Fastenzeit ein Schwein in die Kirche gejagt und es auf Karpfen getauft haben, ähnlich jenem Rabbi, der, nachdem er in einer Fleischerei mit den Worten: »Ich möchte diesen Fisch« auf eine Schweinshaxe gezeigt hatte und daraufhin, als ihm beschieden wurde, dass es sich um eine Schweinshaxe handelte, den Metzger anfuhr: »Nu, hab ich gefragt, wie der Fisch heißt?«

Humor ist also ein in hohem Maße geeigneter Weg, den Absolutismus des Herrn und seine üppig verordneten Schicksalsschläge zu ertragen und wegzustecken. Nur durch ihn entkommt man übersteigerter religiöser Autorität, Kadavergehorsam und dem ganzen Brimborium um die Furcht des Herrn, die den Menschen das Leben und das Lieben oft so schwer machen.

**6.** So findet es der Bayer auch witziger, statt durch die Tür über das Fenster ein Haus zu betreten, wes-

wegen die süße Sünde in Form des Kammerfensterln immer weit verbreitet war. Die Anzahl der nach amtlicher christ-katholischer Auffassung nicht aus der legitimen, christlichen Liebe stammenden ledigen Kinder ist von ganz schön schlechten Eltern. Dieses Sündwerk der Lämmer der freien Liebe, nicht im Lichte der Öffentlichkeit, sondern im Dunkeln ausgeübt, konnte schlimmstenfalls beim Sakrament der Beichte wieder abgeladen werden. Waren es doch oft Beziehungen, deren zarte Keimlinge gerade bei Pfarreiveranstaltungen wie Maiandacht, Ministrantenausflug oder beim sonntäglich herausgeputzten Besuch der heiligen Messe erstmals ihre sündhaften Trieblein des Verlangens nach dem so verhalten triebhaft lockenden anderen Geschlecht ans Licht spitzen ließen.
Aber was sollten junge, naturgemäß experimentierfreudige römische Katholiken auch sonst anstellen? Immerhin ist ihnen jegliche Fleischeslust vor dem Eintritt ins Sakrament der Ehe vollkommen untersagt, andererseits packt man ihnen schwülstige, geheimnisvolle Themen wie Mariä Empfängnis, Frucht deines Leibes, unbefleckte Empfängnis in die sexuell noch unschuldigen Seelen, welche – seltsame Logik –, um das verstehen zu können, nicht einmal die befleckte Empfängnis kennen dürfen.
Als interessant, was die Autorität anbelangt, erweist sich auch die Tatsache, dass die Kirche hierzulande immer eine hohe Moral eingefordert hat, weswegen beispielsweise auch die unehelichen Kinder (galt allerdings nicht für sündigen Priesternachwuchs) in der Fronleichnamsprozession ganz hinten gehen mussten.
Der so eifrig von Kirchendienern betriebene Missbrauch anvertrauter Knaben warf, mangels Empfängnisfähigkeit wenigstens keine Früchte ab. Dass solche Entgleisungen überhaupt thematisiert wurden, konnte kraft kirchlicher Autorität immer vermieden oder – schon das Äußerste an inhaltlicher Bewältigung – als »Buberlspiele« abgetan werden.

**7.** Dieses Christentum mit zumindest gefühlter inquisitorischer Prägung lässt die Gläubigen natürlich nicht unbeschädigt. So existiert ein Schlag Katholiken in Bayern, der in gewisser Verinnerlichung dieser Haltung sich selbst und dem Leib den Wettkampf der Askese und der Selbstüberwindung gegen die Anfechtungen des Beelzebub angesagt hat. Da geht's dann, nicht erst seit Kerkeling, mit Kreuzen und Kerzen auf Wallfahrt durch die ganze Diözese und gegebenenfalls darüber hinaus, alles unter dem Aspekt »Näher mein Gott zu dir«. Oft malerische Angelegenheit zur Vergebung der Sünden, dass der oberste Chef in seinem himmlischen Palast nicht immer nur lustig hintergangen wird, sondern auch einmal den ernsthaft guten Willen seiner Mitarbeiter wohlgefällig registrieren kann.

**8.** Wallfahrten, Passionsspiele, Bittgänge, Prozessionen sind meistens Folgen von in grauer Vorzeit gemachten Gelübden.
Einem Gelübde gegen eine Borkenkäferplage Ende 15. Jahrhundert veranlasst heute noch Wallfahrer mit der langen Stange, ein Zentner schwer, zwölfeinhalb Meter lang, spiralförmig mit Wachs umwickeltes Holz auf den Bogenberg zu tragen. Eine sportliche Meisterleistung, weil die »Kerze« am Ende immer von nur einem Burschen senkrecht getragen werden muss. Später wird sie dann in Scheiben geschnitten, die als Glücksbringer gegen Entgelt unter die Leute gebracht werden.
Die bis zu 1000 Kötztinger Pfingst-Reiter in Oberpfälzer Tracht gehen auf das 1412 geleistete Gelübde eines Pfarrers zurück, der auf einem nächtlichen Versehgang unter die Räuber gefallen war, aber mit dem Leben davonkam.
In ganz Bayern gibt's Leonharditte oder -fahrten für den heiligen Leonhard, den Schutzpatron aller die in Ketten liegen und der somit auch der Haustiere. Besonders spektakulär ist hier die Bad Tölzer Veranstaltung, mit prächtigen Truhenwagen, voll mit Frauen, von denen als Trachtenbestandteil einen toten Fuchs bei sich hat. (Der heilige Leonhard ist möglicherweise auch für die Tollwut zuständig.)
Die Oberammergauer Passionsspiele sind die Folge eines Gelübdes aus der Pestzeit. Seitdem lässt sich, begleitet von einer ständigen Antimemitismus- und Modernisierungs-Diskussion ein ganzes Dorf jahre-

lang die Haare wachsen, um so auszusehen, wie die Menschen zum Zeitpunkt der Kreuzigung des Herrn ausgesehen haben mögen. Das führt dazu, dass man dort ständig Ausschau hält, wo sich denn nun die Hippiekommune befindet bei gleichzeitiger Verwunderung darüber, dass einem da überhaupt kein Dope angedient wird.

Bemerkenswert in diesem Zusammenhang das Oberammergau-Gelübde, das der Passauer Aktionskünstlers Rudolf Klaffenböck vor sich abgelegt hatte und es dann auch einlöste, nämlich dem Franz Josef Strauß bei der Passionsspielpremiere in Gestalt Jesu eine Rose zu überreichen, was er dann, trefflich als geschundener Erlöser kostümiert (sogar Autogramme musste er geben), auch durchgezogen hat. Das bescherte ihm in Polizeigewahrsam ein realsatirisches Verhör von kaum zu überbietender Komik und brachte ihm bei der empörten Boulevardpresse den Ehrentitel »der falsche Jesus« ein.

Es begab sich aber zu jener Zeit, dass auch im gelobten Land bei Gelübden, um Gelübdekollisionen zu vermeiden, schon fein unterschieden wurde.

**9.** Bayerns Mekka heißt Altötting. Dort befindet sich die Gnaden-Kaaba, um die herum, nach der Unbill der Gnaden-Fußwallfahrt, inbrünstig betend die Sünder, Büßer und Gelobenden immer noch schwere Gnaden-Kreuze schleppen, um sich dann, nach Anbringung eines Ex-Voto-Gnaden-Bildchens in der Marianischen Gnaden-Behausung wegen Auffrischung der Weihwasserbestände im Gnaden-Shopping des Devotionalien-Overkill zu verlieren, behutsam überwacht von einer dank der Gnade des Herrn jetzt wohl schuldenfreien Gnaden-Hotelfachschule mit gnädig angegliederter Gnaden-Gastronomie für die Verehrer der gnadenreichen Jungfrau.

**10.** Eines haben diese Veranstaltungen alle gemeinsam: Am Ende geht's ins Wirtshaus. So erleben wir ständig neu, dass man Mammon und Kirchliches nicht trennen kann.

Darin liegt der Grund, warum es den Zölibat gibt und immer geben wird: Das Vermögen der Kirche soll erhalten bleiben und nicht an Pfarrerskinder fallen. In Vermögensdingen ist schon der kleine Katholik sehr findig. Letzten Januar kamen Sternsinger in mein Stammlokal, allerdings statt der üblichen drei nur zwei. (Durch zwei teilt sich's wohl leichter.) Auf die Frage, wo denn der Dritte sei, kam wie aus der Pistole geschossen: »Der passt auf die Kamele auf!«

Es bietet die Kirche durchaus auch praktische Dienste, wie zum Beispiel am Aschermittwoch, wenn sie nach der krawalligen Zeit einen Blasius-Segen gegen Halskrankheiten offeriert oder wenn sie den heiligen Martin, weil er beim kaiserlichen Empfang am Glas nur genippt hat, andient als Schutzpatron der Abstinenzler.

Aber wir kennen doch unsere katholische Kirche als höchst anpassungsfähiges Gebilde, wie das kleine Gleichnis aus unseren Tagen belegt:

Ein Flugzeug ist im Begriffe abzustürzen, als der Flugkapitän seine letzte Ansage macht:

»Ladies and Gentlemen, ich kann leider nichts mehr tun, wir stürzen ab. Wenn sich an Bord ein Priester befindet, möge er seine Amtshandlungen verrichten.«

Da steht ein katholischer Geistlicher auf, nimmt seinen Hut und sammelt …

Dank Dir U. L. Frau v. Altötting
für allen Schutz in schwerer Kriegsgefahr.
1939. Sebastian Kink 1945.

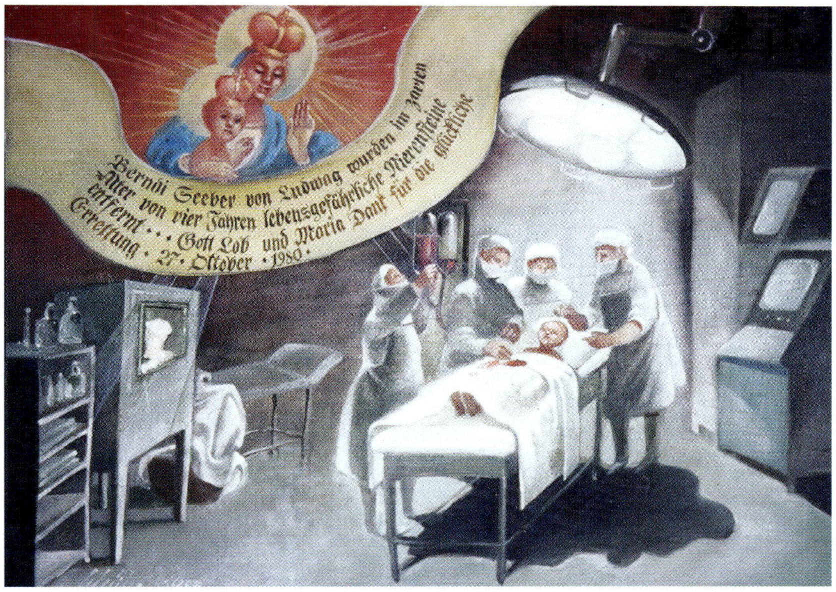

Ein Comicstrip der von der gnadenreichen
Jungfrau gemeisterten Extremsituationen.
Typ 20. Jahrhundert seit Geburt des Sohnes.

Im Kreuzgang der Ikonostasen
»Es is a Kreuz mit'm Kreuz«, denkt der Bub –
im Gegensatz zur Devotionalienhändlerin.
Altötting, Kapellenplatz:
auch nachts nicht die Hölle los!

# Deus lo vult

## *»Gott will es«*

Katholischer Heimatkinderkreuzzug mit spektakulär inszenierter Kindeskreuzigung als integrierter Bestandteil des *theatrum fidei* (Theaterworkshop zum Zwecke sinnlich erfahrbarer Glaubensunterweisung), im Zeichen des Kreuzes als *klassisch-kirchlicher Kultur-Crossover* mit dem Ziel der gefühlten Anbindung an die heiligmachende Gnade.

INRI

# Bayerische Passionsfrüchte

*Kommt er aber über Oberammergau oder aber über Unterammergau, oder aber überhauptzt ned kimmt, des is ned g'wiss. Wenn er aber überhaupt noch da ist oder – Hauptsach' – alle zehn Jahr' auch in Zukunft kommt, ob über Unterammergau oder aber direkt nach Oberammergau, dann ist auch das Gelübde nicht die Frage.*

So lautet der Hamletmonolog des Fremdenverkehrsvereinsvorsitzenden von Ettal und Oberammergau, während er noch saftige Stücke vom Passionsspieltourismusknochen herunterbeißt.

*Folgende Seiten:*
*Die 1000 Kötztinger Reiter, Bayr. Wald*

Gasthof
Pension

Jesus von Nazareth
Ein König der Juden

# Hab mein Wage vollg'lade …

Der heilige Leonhard, Bayerns wohl beliebtester Heiliger, war der Überlieferung nach hauptamtlich Einsiedler. Im Gegensatz zu einem anderen sehr verehrten Bayern, der immer bereit war, wenn man ihn rief, ist jener in solchem Falle immer sofort in die Einsiedelei abgetaucht, statt ein Amt als Abt oder Bischof sich aufbürden zu lassen. Er ist Schutzpatron der Haustiere, nachdem er zuvor für Ketten zuständig war, also für Eingekerkerte, Hofhunde und Vieh. Die agrarbeseelten Bayern nennen ihn auch den bayerischen Herrgott.

Anfang November finden im Bayrischen zahlreiche Leonhardifahrten statt, mit geschmückten Pferden und bunt bemalten Kastenwägen, voller Frauen. Erstaunlich, da ja bei sonstigen bayerischen Veranstaltungen Damen kaum aufscheinen. Aber an Leonhardi wähnen sich die Herren ihrer sicher, hängen sie doch an der Kette des Heiligen.

Dass Leonhard Bayerns wichtigster Heiliger ist, schlägt sich auch im Umgang mit ihm nieder. 1904 (so Christoph Schnitzer in *Die Tölzer Leonhardifahrt*, o.J., Hrsg. Stadt Bad Tölz, S. 39) hat es unter anderen den päpstlichen Nuntius »…unangenehm berührt, dass es sich ein paar Fahrer nicht versagen konnten, sogar bei der Benediktion mit brennenden Zigarrenstummeln im Mund diese heilige Handlung zu entweihen und ihren Hut abzunehmen unterließen. Auch die Bier- und Schnapstrinkerei während des Hochamtes dürfte in mehr gemäßigten Grenzen gehalten werden.« So beliebte der *Tölzer Kurier* sich auszudrücken.

Weltweit bekannt: die ziemlich steile Bad Tölzer Marktstraße, auf der sich der Bulle von Tölz oft nach oben quälen musste. Da brauchen selbst die Gespanne der Leonhardifahrt Anlauf und freie Bahn, um überhaupt hochzukommen.

# Playstation Gottes, Level 1

Eine Gläubigenannäherung in zielgerichteter, durch göttliche Erdmagnetfelder vorgegebener, konzentrisch gestalteter Spiralbahn, Richtung nach oben bis zum Ende des vorbestimmten Pfades, dem *Level* des Jüngsten Tages, finden wir hier, auf *Level 1*, das Frühstadium des bayerisch-göttlichen Computerspiels *Mensch in der Schöpfung*.

Auf dass die *Scorerpunkte* auch in Gottes Tabelle einfließen und dereinst auf dem ultimativen *Level*, dem persönlichen *Jackpot* des jeweiligen *Players*, gutgeschrieben werden können, besorgen drahtlos, als *d'wireless Fahn'*, die Banner-Antennen die Datenübertragung. Unter dem umsichtigen Schutz der galauniformierten Feuerwehr werden sie hinaufgetragen im Pulk der deistischen Computerspiel-Kombattanten, führen sie zugleich den Menschen sicher zum ersten Level, der göttlichen Frühverlautbarungsstätte, dem Kirchlein. Dort kann christkatholischer *Himmelreichserlangenssupport* unter Zuhilfenahme von *Näher-mein-Gott-zu-dir-Tools* als üppiger *preacher-download* heruntergeladen werden.

Die zwölf Meter lange und ein Zentner schwere »Kerze« wird alljährlich an Pfingsten in zweitägigem Fußmarsch von kräftigen Burschen – immer einzeln! – senkrecht zum Bogenberg bei Straubing hinaufgetragen. Eine sportliche Höchstleistung, weil die Stange zur Erreichung des Wallfahrtzwecks nie fallen darf, will man das kommende Jahr frei von der Unbill einer Borkenkäferplage überstehen.

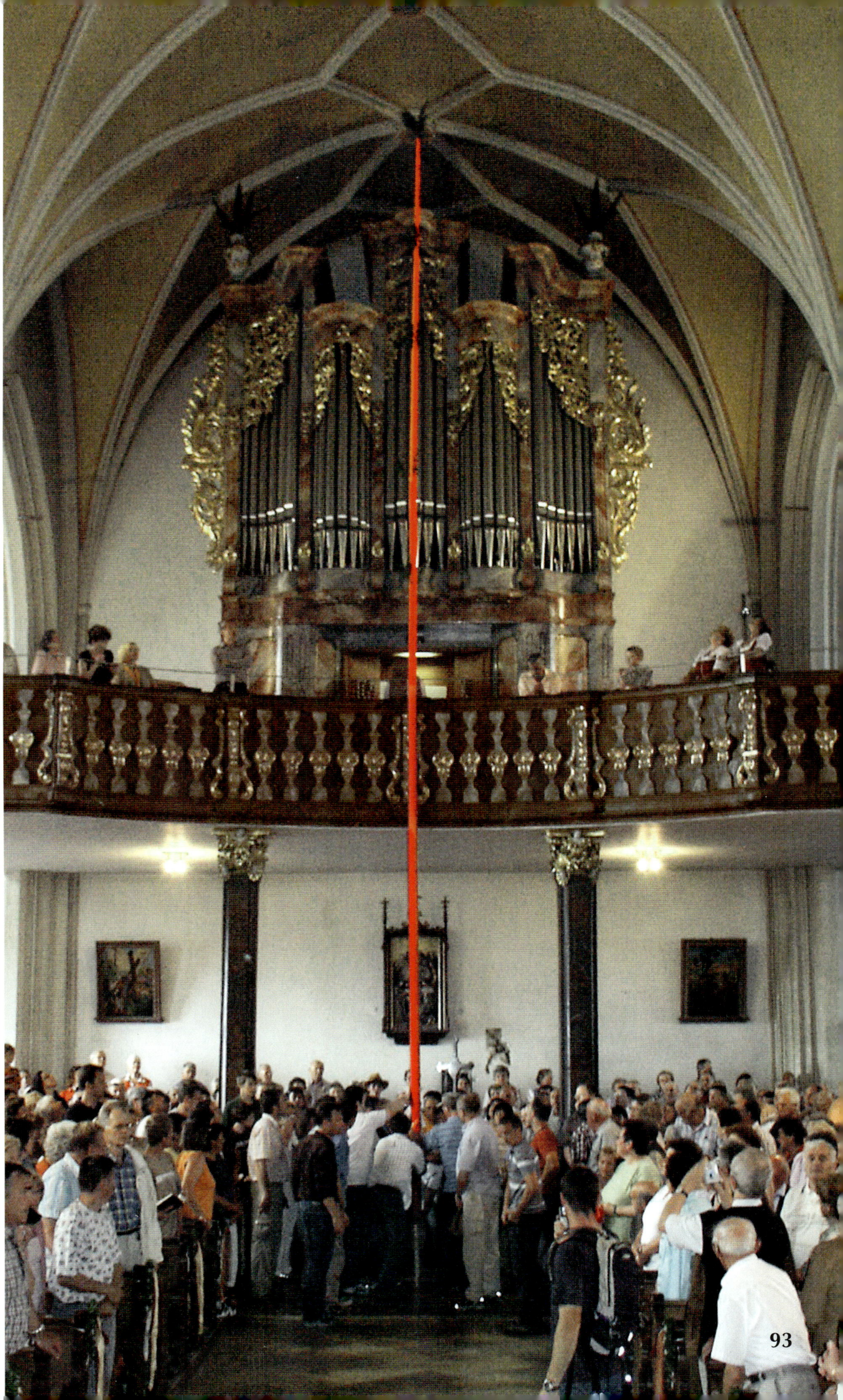

# Kirtahutschn

*Komm auf die Schaukel, Luise!* und zwar auf diese mit *human power* betriebene archaische Frühform der Dult-Vergnügungen. Waren von der Bildfläche verschwunden, die Kirchtagsschaukeln, sind aber quasi, mit steigender Beliebtheit von Dynamik in Verbindung mit Bio wieder am Kommen, wie diese hier in Aschau am Chiemsee.

# Der Grantler – ein bayerisches Phänomen

Der typische bayerische Grantler, ein Individuum, das an sich immer grantig ist und die meiste Zeit seiner Existenz vor sich »hingrantelt«, ist im Land weit verbreitet.

Bayerische Schimpfwörterbücher erklären »grantig« folgendermaßen: »mürrisch, unwillig, verdrossen, brummig, übellaunig; wer stets alles bemängelt, über alles schimpft; wem nichts recht zu machen ist.«

Wenn dadurch auch ein Menschentypus definiert wird, der mehr als nur einen Hauch extremer Unfreundlichkeit versprüht, ein des bayerischen Wesens nicht Kundiger wäre dennoch gut beraten – wollte er dem Bayern wirklich gerecht werden –, dessen Verhalten nachsichtig bloß unter gefühlter Unhöflichkeit einzustufen.

Grantig sein ist nämlich für den Bayern ein vollkommen korrektes Verhalten, das mit seinem Gegenüber zunächst gar nichts zu schaffen hat. Der typische Grantler zeigt durch sein Verhalten, dass er ein Menschenfreund ist, allerdings einer, dem man es nicht anmerkt. Diese Erscheinung mit hoher Authentizität aus dem breiten Spektrum der heimischen Temperamente lässt sich nie zu einem Lachen hinreißen, weil es ihm als sicher gilt, dass die Leute seiner Umgebung, ob solch unerwarteter Verwandlung von Physiognomie und Verhalten aufs heftigste verschreckt, ihn sogleich mit der Frage, »Hey, wos isn mit dir heut los?«, behelligen würden. Der Grantler ist sich daher stets bewusst, dass es immer in einen Störfall, wenn nicht gar in einen Kommunikations-GAU ausarten kann, sobald er einen Moment nicht grantig ist.

Die Miene des Grantlers will nichts anderes signalisieren als: »I wui mei Ruah.« (Der Monarchist fügt gern noch »mei königlich bayerische« hinzu.) Deswegen belässt er das Gesicht in griesgrämigem Dauerzustand. Man kann nur ganz selten erleben, dass sich im Grantlergesicht eine kaum merkliche Verschiebung andeutet, die man füglich mit versuchtem Schmunzelansatz umschreiben könnte. In einem solchen Fall dreht sich der Grantler schnell zur nächsten Wand, um bloß nicht beim unkeuschen Akt des Grinsens erwischt zu werden. Resultat dieser kleinen Schwäche ist dann ein solch gesteigerter Grant, gegen den der vorherige ein Inbegriff von guter Laune war.

Die Position des Bayern im Umgang mit seiner Umwelt wird vielleicht auf dem Wege des Vergleichens deutlich, wenn man das bayerische Verhalten ins allgemeine Konzert mitmenschlicher Befindlichkeiten einordnet.

Die Grundlage der Untersuchung ist folgendes Szenario: Ein Mensch, in einer fremden Stadt neu zugezogen, sucht, noch in Ermangelung eines gut bestückten eigenen heimischen Kühlschranks, an seinem ersten Morgen eine Bäckerei, Konditorei oder Ähnliches, wo er ein kleines Frühstück bekommen könnte. Also muss er sich durchfragen.

Der Wiener, mit solchem Auskunftsanliegen konfrontiert, nimmt die Frage sofort zum Anlass in seinem unvergleichlich raunzendem Tonfall prinzipiell leidvoll festzustellen, wie schön beziehungsweise wie hässlich gerade dieser Tag sei, um Wien zu erleben. (Raunzen ist übrigens die perfekte Mischung aus granteln und weinen!) Dann will er wissen, wie denn dem hochwohlgeborenen Auskunftsuchenden die österreichische Metropole überhaupt gefällt. Nach einer ehrlichen, ratsam ist: positiven Antwort wird der Wiener bereitwilligst zum Informanten, verpackt aber alles, jammervoll nörgelnd, in einen Vortrag über den Niedergang der k.u.k.-Caféhauskultur wegen der amerikanischen »to-go-Einspänner und -Braunen« im »Pappadeckel«. Aber das soll, so der Wiener weiter in seinem Klagelied, des Fremden Problem nicht sein, weil solch erwähntes US-Kaffeeimbiss-Häusl , das da konvenieren könnte, gleich um die Ecke sei, wenn's dort auch kein gescheites Kipferl gäbe, sondern bloß einen Muffin. »Is eh gleich neben dem alten Caféhaus, in dem man noch nie einen Sitzplatz bekommen hat.« Und den Tränen nahe beteuert er kurz vor dem endgültigen Weggang, wie groß die Freude und das sei durchaus persönlich gemeint, über einen baldigen neuen Wienbesuch sei.

Doch nähern wir uns nun mit dieser Frage dem Stuttgarter. Wenn dieser helfen soll, entsagt er spontan jeglicher noch so wichtigen eigenen Verrichtung, kommt unverzüglich auf einen zu, mit dem altruistischen Elan eines Teilnehmers am Zeugen-Jehovas-Kongress, der sich zur Güte gegen alle Menschen verpflichtet hat und jedem, der auch nur so aussieht, als wollte er irgendwo rein, schon von weitem die Türe aufzuhalten versucht. Dabei verkündet er in freundlichstem Schwäbisch:

»I zoigs Ihne, ach was i bring Sie direkt hin, dann findet Sie's auch. Schauet Sie, da ist es schon!«

Der Kölner bekommt bereits vor Abschluss der Frage seinen ersten Heiterkeitsanfall und stellt fest:

»Isch weiß genau wattu wills, aber dat da vorn is dä Dom von Kölle, da biste falsch, der is für den Leib des Herrn! Nit lachen, warn Scherz. Aber linksrheinisch bleiben, nit auf de schäl Sick! Kuck mal gleich hier, da gibt's ganz dezent lecker Kölsch und ne halve Hahn. Komm, isch geb einen aus, dat is doch auf jeden Fall besser wie gefrühstückt. Köbes! Wie heißt et doch so schön? Viva Colonia! Sajen Se mal, wat kostn denn de Papajeientulpen?«

In Hamburg wird einem die Frage in aller hafenstädtischer Fremdenfreundlichkeit, mit allem zu Gebote stehenden hanseatischen Stolz knapp und präzise beantwortet:

»Frühstück, das bekommen Sie in Hamburg überall!«

»Danke!«

»Da nich für.«

Der Mitteldeutsche gibt dir vor der wie auch immer gearteten Auskunft erst einmal die Hand. Dann hilft er, unter Verweis auf die sprichwörtliche Nachbarschaftshilfe in der alten DDR weiter. Und auf dem Weg zum Objekt erklärt er dem Subjekt vor jedem Haus, wer da von der Stasi wo gewohnt hat.

Berlin aber hat nach wie vor Sonderstatus. Der alerte Berliner ist, wohin man auch will, grundsätzlich schon vorher da und antwortet auf die Frage, ob man in dieser Bäckerei auch frühstücken könne, phänomenal informiert in gewohnt schnoddriger Humoristenhauptstadtdiktion:

»Wenn Se Wasser rinlass'n, könn'n Se ooch schwimm'n!«

Nur im bayerischen Grantler beginnt es bei der Frühstücksfrage sofort zu brodeln, und es treibt ihn nur noch um, dass der Unbekannte, der da plötzlich vor ihm steht, wirklich zu faul ist, sich daheim einen Kaffee zu kochen. Und überhaupt: »Das ganze Jahr hindurch will dieser Aff, den i eh noch nie gsehn hab, nix von einem, bloß jetzt, wo er sich nicht mehr auskennt, kommt er daher. Da wär man wieder gut.« Mit dieser Haltung knurrt er dann Folgendes halblaut, vorwurfsvoll, in sich hinein:

»Ja, do waari iatz wieda guad gnua, ´s ganze Jahr si ned seng lassen, aber wennara Frühstück braucht und kenntsi nimmer aus, dann waara aufamoi do.«

Mit der Überheblichkeit des Einheimischen fährt er dann halbwegs verständlich fort, dem Unkundigen die Schrift zu erschließen:

»I woaß ned wias bei eich dahoam is, aber bei uns daatmas amoi do vorn probiern, bei dem Bäcker, do vorn ums Eck, den man von hier garned sieht, bei dem dees Schuidl in der Tür hängt *ab 7 Uhr Frühstück*.«

Dann grantelt er dem Abgehenden hinterher:

»Koa Ahnung, aber davon reichlich! Do kannt ma aa selba draufkumma. Den ganzen Tag muaßt di mit so am Schmarrn aufhalt'n. Koa Wunda, dass ma zu nix kimmt!«

Granteln hat, wie schon angedeutet, durchaus eine gewisse Schutzfunktion. Der Bayer hält sich damit Ungebetene vom Leib. Als Sozialpartner kommen nur Menschen in Frage, die Granteln als Normalzustand klaglos akzeptieren und sich jede Bewertung darüber verkneifen, um potentielle Feindschaften zu vermeiden.

Eine Vorform des Grantelns ist die durch durch eine gewisse Scheu bedingte Haltung, aus der eine selbst bei Jüngeren zu beobachtende Reserviertheit resultiert, die nicht selten in Verbindung mit Argwohn an die Oberfläche tritt.

?
i BIN DO NET BLÄD!
ICH BIN DOCH NICHT DOOF
i AM NOT STUPID
NON SONO STUPIDO

Dieses Verhalten ist häufig im Dorf- oder Bauernwirtschaften in der Saison zu beobachten, wenn ein Sommergast ein Wirtshaus betritt. Die Stimmung, die ihm da entgegenschlägt, wäre Grund genug, sich für den Rest seiner Urlaube lieber mit einer »Never-come-back-Airline« ohne jede Impfung in die schlimmsten Malariagebiete der Welt bringen zu lassen, als jemals wieder diese Schlangengrube bäuerlicher Gastlichkeit aufzusuchen. Denn kaum betritt er den Raum, drehen sich schlagartig die Köpfe aller zu ihm hin, und alle schauen ungeniert, was denn da für einer kommt. Und der steht, zunächst einmal schwer verunsichert, in einer ablehnenden neuen Welt, inmitten einer Meute Spießrutenblicker, denen für einen Moment jede gewohnte Verrichtung gefriert: Das Glas auf dem Weg zum Mund bleibt regungslos auf halbem Wege mit der Hand in der Luft hängen, ebenso sind die Karten der Spieler vor den Leibern, von klobigen Händen gehalten, gleichsam in die vormals verrauchte Gaststubenluft genagelt, und Blicke unverhohlener Neugier treffen auf den Eindringling, den in diesem Moment das unangenehme Gefühl beschleicht, den größten Fehler seines Lebens begangen zu haben, auch nur einen Fuß über die Schwelle dieses ungastlichen Gasthauses gesetzt zu haben. Die Luft ist zum Schneiden, es knistert, Spannung, Erwartung, wie in einem amerikanischen Film der schwarzen Serie, wenn der Mafiaboss und seine Getreuen den Verräter ins Hinterzimmer bestellt haben, um ihm die eschatologischen Dinge hautnah beizubringen. Und so sitzt jeder in seinem Innersten stillschweigend zu Gericht über den Unbekannten. Mentales Tribunal: 1. Wer ist denn das? 2. Wie schaut der aus? 3. Was will der hier? 4. Kann der nicht da ins Wirtshaus gehen, wo er daheim ist? (Schließlich sitzt man selber auch nicht dort, wo der herkommt.) 5. Was macht der jetzt?

Der Fremde fasst sich ein Herz, setzt sich zögerlich auf einen freien Platz, schaut verunsichert herum und wartet, dass der erste freundliche Mensch kommt, so etwas wie ein Kellner vielleicht. Einen solchen gibt es zwar nicht, aber der Wirt persönlich ist vorhanden. Er sitzt am Tisch bei den Einheimischen und mustert, anscheinend unter Verlust jeglichen Geschäftssinnes, den Fremden. Nach endlosen Minuten, alles läuft langsam wieder in die alten Bahnen, das Kartenspiel wird wieder aufgenommen, die Getränke werden wieder normal ihrer Bestimmung zugeführt, steht der Wirt langsam auf, geht schlurfend, aber zielstrebig auf das Objekt seiner anzuwendenden Gastfreundschaft zu, schaut ihn kurz an, kann den Blick nicht halten, nimmt dann mit seiner Pranke gebrauchtes Leergebinde vom Tisch und murmelt dabei leise:

»Was darf ich denn bringen?«

Ab sofort geht alles wieder seinen gewohnten Gang, und keiner nimmt mehr Notiz vom gerade noch so unwürdig Gemusterten – bis zu dem Moment, in welchem der Fremde irgendwann sein Gastrecht auf Verrichtung der Notdurft wahrnimmt; dann entlädt sich mit Vehemenz und Lautstärke das Neugierpotential eines ganzen Bauerndorfes, bis irgendeiner den Schleier über der Identität des Fremden lüftet. Er ist damit als Gast legitimiert und wird nicht weiter behelligt.

Zum besseren Verständnis des Grantlers ein erhellender Fall aus dem Bereich der »Grantler-Etikette«. Ein Grantler hat aus Versehen einer hinter ihm gehenden Dame die Kaufhaustüre so vor die Nase geschlagen, dass selbige blutet. Auf den Anwurf, ob er sich nicht entschuldigen könne, antwortet der schwer betroffene Grantler:

»Hab eh öha gsogt!«

# Heidschi-bumm-peitschi.

Bajuwarischer Tabledance, powered by Friedrich Nietzsche. Das Züchtigungsgerät Peitsche, Abfallprodukt der Tierhaltung (für die Landwirtschaft das, was für die Raumfahrt die Teflonpfanne), im kunstvollen schmerzfreien akrobatischen Einsatz der Hirschlederanimateure zum Gaudium der bierzeltseligen Maßkrug-Camper.

Eishockey-Karten
Vorverkaufsstelle

# Gemeinsamer Tanz der einsamen Wölfe

Der tanzende Bayer sucht bei dieser Betätigung nicht so sehr das partnerschaftliche Zirkulieren, sondern eher die Möglichkeit der ausführlichen Selbstdarstellung.
Das Mädel im Hintergrund hat genau erkannt, worum es wirklich geht, und fügt sich folglich folgsam in ihre frauliche Rolle – vornehmlich auf Fußhöhe.

# Die »Stoabergler« aus Palling

Studio für Übungen zur Erlangung punktgenauer, pantomimischer Darstellung extremen Bayerntums, hier auffallend mit einer Zwei-Mann-Tanzfigur des *Watschntanz* als Sinnbild für die Radikalität der bayerischen Wesenheit aber gerade wegen Tradition und Herkunft so doch nicht erwartet, auf dass sich sofort beim bloßen Anblick befreiende Heiterkeit beim Betrachter einstellt, verbunden mit einer kaum stillbaren Neugier auf das so dezent angedeutete Extreme im Bayern, wenn beispielsweise das Ergebnis dieser Tanzprobe auf dem Umschlag unseres Buches dieser Thematik abgedruckt wird, wie es bei diesem Werk mit den beiden Herren Sebastian Ertl und Josef Jahner so gelungen der Fall ist. Nichtsdestoweniger handelt es sich bei den anderen abgelichteten Protagonisten, Hans und Konrad Gastager um meisterliche Interpreten bayerischer Standards und da muss auch in diesem Übungsraum die Rätselfrage erlaubt sein: Wo liegt der Unterschied der bayerischen Plattelschule zu einer brasilianischen Sambaschule? Sag mir, wo die Mädchen sind.

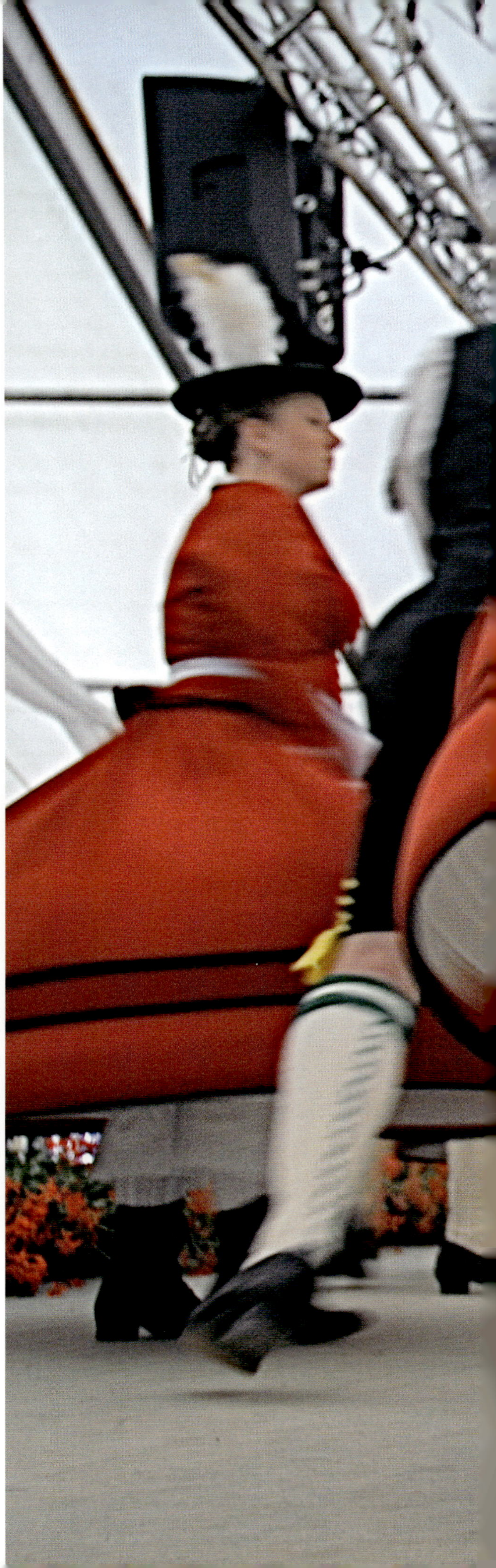

Die jungen Damen bilden bereits, so hier zu sehen, in einem Tanzakt der üblichen Art die perfekte Form einer Dunstabzugshaube. Folgerichtig heißen beim Schuhplatteln nicht einmal Tänzerinnen, nein, man nennt sie, funktionsbezogen, Dreherinnen – und so schaut's auch aus.

# Vom Verein zur Vereinsamung

Der C-Schlauch oder, genauer g'sagt, der Druckschlauch C-42-15 ist ein 15 Meter langer Schlauch, Größe C – hob i scho g'sogt –, mit einem Innendurchmesser von 42 Millimeter und einer Länge von 15 Meter!«

Sein Gegenüber schaut ihn spöttisch an, schüttelt verächtlich den Kopf, um dann die vernichtenden Worte zu sprechen. »Naa, des stimmt ned!«

Der C-Schlauch-Experte belfert ohne jegliche Verzögerung zurück: »Wos hoaßt stimmt ned? Freilich stimmt's!«

»Na, do host wos vergess'n.«

Der Zurechtgewiesene reagiert fassungslos: »Wos hob i vergess'n?«

»D' Storz-Druckkupplungen. Zum Beispiel.«

Der Ertappte greift zu einer fadenscheinigen Ausflucht: »Ah geh, des is doch klar, des woaß doch a jeder!«

Das aber lässt der Advokat des Feuerteufels und Feuerwehrkommandant in Personalunion auf keinen Fall gelten und schlägt mit der Hand auf den Tisch. »Aber beim Leistungsabzeichen musst es du wiss'n! Ned a jeder, wenn's brennt, is ja aa ned a jeder dabei!«

Pflichtschuldig und laut lacht der ganze Löschzug beim Sparwitz des Kommandanten.

»Löschen is unser Aufgab'. Also Wirt, in diesem Sinne, bring noch a Halbe!«, brüllt der schon stark angestochene Chef der Freiwilligen Feuerwehr seine Bestellung präzise wie einen Wasserstrahl durch die gesetzwidrig verräucherte Dorfgaststätte. Ein zartbesaiteter Außenstehender, des Bairischen vielleicht nicht mächtig, muss bei dieser Diskussion den Eindruck gewinnen, dass die beiden, jedenfalls dem Tonfall nach, einander heftig beleidigen oder sich schlimmste Ehrabschneidungen zufügen. Aber das ist nur der Kammerton Katastrophenschutz mit der etwas zu laut formulierten Einforderung eines fehlenden Merksatzbestandteils, der allerdings durchaus von nicht zu vernachlässigender Bedeutung für die Erringung eines goldenen Leistungsabzeichens Freiwilliger Feuerwehren sein kann. Seit die örtlichen Floriansjünger am Üben sind, beherrscht dieses Thema lautstark die Stammtische und lässt kein anderes Gespräch mehr zu, so dass vor allem Nichtangehörige der Feuerwehr in diesen Tagen jedes solcherart infizierte Wirtshaus meiden.

In der Gaststube haben sich aber längst die aus der Nervosität geborenen Wogen zwischen den designierten Prüflingen so unspektakulär, wie sie entstanden, wieder verzogen und haben einer neutralen Fröhlichkeit Platz gemacht.

»Prost, Wasser marsch! – mia san mia, vo da Feierwehr, wo der Name scho sogt, dass da g'feiert wird!«

Und so feiert man zunächst die Auferstehung der feierlichen Anekdoten, die zwar längst Allgemeingut der glorreichen Ortsfeuerwehr sind, welche aber zur Konservierung stets aufs Neue rezitiert werden.

So kommt er wieder zur Sprache, der Großeinsatz beim 125-jährigen Feuerwehrjubiläum: Da hat, keiner weiß warum, mitten in der Feuerwehrfestnacht von Samstag auf Sonntag ein Auto auf einer Wiese gebrannt. Zehn stockbesoffene Feuerwehrleute, die letzten, die im Bierzelt noch aufzufinden waren, fühlten sich einsatzethisch verpflichtet, mit dem nagelneuen Tanklöschzug auf die Jungfernfahrt zu gehen. Vollgas zur fünf Kilometer entfernten Brandstelle, im 2. Geländegang – da ein anderer Gang nicht gefunden werden konnte und der zuständige Chauffeur mit einer Maß Persiko im Koma lag –, Blaulicht und Vollgas, die Gefahr des Führerscheinentzuges – aus Pflichtbewusstsein – gering achtend.

Angetreten! Mit dem C-Schlauch-42-15. In Fleisch und Blut übergegangene klare, wenn auch mit schwerer Zunge erteilte Kommandos, und zehn Feuerwehrleute schwanken tapfer in einer Reihe, halten besagten Schlauch fest, oder umgekehrt, und beenden unter großem Amüsement der ebenso trunkenen Zuschauer wie eine Clownsnummer erfolgreich

den gloriosen Ersteinsatz des frisch geweihten, noch jungfräulichen, blumengeschmückten Einsatzfahrzeuges, indem sie den gesamten Tankinhalt, normalerweise ausreichend für zwei Doppelhaushälften, mühsam zielend auf das Feuerchen spritzen. Ein Fall von rauschbedingtem Löschexzess, wo doch der Handfeuerlöscher unterm Vordersitz gereicht hätte.
Und der kleine Pubertätsstreuselkuchen, dem aus seiner von Akne befallenen oberen Frontansicht die Fistelstimme pfeift, versucht witzig zu sein: »Und wenn's aa brennt, mir lass'n nix anbrennen«, scheitert aber mit seinem altklugen Spruch. Es entsteht eine peinliche Stille.
Einer von den Bauern, der vor einer Stunde friedlich, den Kopf zwischen das Leergut gebettet, am Tisch eingeschlafen war, hebt langsam, von der jähen Ruhe geweckt, müdigkeitsschwanger das Haupt, blinzelt leicht verstört in die Runde und spricht dann, fast unterbewusst, goldene Worte: eine Einsatzbotschaft, die allen ihre Grenzen weist und ihnen das oft so Unzulängliche ihres Tuns unbarmherzig vor Augen führt. Worte, die an sich nie oder zumindest viel zu selten gesagt – also wenigstens nicht in dieser Reihenfolge –, jetzt aber, zum richtigen Zeitpunkt, im passenden Zustand, am richtigen Platz verkündet, punktgenau ins Mark treffen und die dennoch, wie alle großen Weisheiten, so simpel dem für diesen Moment augenblicklich hellwachen Schläfer aus dem Mund tropfen, transportierend die Botschaft:
»Wenn du bewusstlos bist, kannst du ned lösch'n!«
Spricht's und zündet sich nach kurzem verstört-verhangenem Rundblick, bereits wieder in Trance, eine Zigarette an, um sich trotz großen Gelächters der anderen wieder hemmungslos in den Schlummer zu stürzen.
Die folgende Debatte, immer noch zum Thema Leistungsabzeichen für freiwillige Feuerwehren, ist unterlegt vom zarten Hintergrundgeräusch des leise Schnarchenden, bis einer bemerkt, dass die Glut der im Halbschlaf angezündeten Zigarette langsam, aber stetig Richtung Finger brennt. Anlass für die ganze Runde, mit fachlichem Interesse genau zu beobachten, wie sich auf des Schnarchers Zeigefinger eine Brandblase bildet, bis er unter heftigem Fluchen die Kippe in die Ecke schleudert.
Dieses kleine, fast märchenhaft zu nennende Exzerpt aus dem noch nicht verfassten niederbayerischen Heimatroman *Die Feuerteufel von St. Florian* verdeutlicht uns das Wesen organisierten menschlichen Zusammenseins am Beispiel der Feuerwehr.
»Retten, Bergen, Schützen, Löschen« heißt die vereinende Vereinnahmungsformel, die dich eins werden lässt mit den anderen: Vereint im Zielblick auf diese Losung steht die Feuerwehr wie eine Eins, durch die Aufgabe vereint im Verein.
Diese zielgerichtete effektive Vereinseinheit ist von Bedeutung, weil der Mensch als *ens soziale* eigenständig nur unkontrolliert vegetiert. Kommunikation ergibt sich nur, wenn mindestens zwei Individuen, besser mehr, aufeinandertreffen. Das aber will in Anzahl, Zweck, Struktur schnell einer Ordnung zugeführt sein, zum Behufe einer Sinngebung, die man mit Vereins- oder Gruppenbildung umschreiben kann.
Hat der Verein seinen Zweck definiert, sind Abweichungen nur noch marginal möglich. Ab sofort herrscht, egal ob strenger Verein, lockere Vereinigung oder zweckorientierte Gruppe, das Einssein, die Einigkeit der Satzung, das Reglement.
Individualismus ist einheitsschädlich und endet ab der getroffenen Vereinswahl.
Ein Mitglied der in Bayern stark verbreiteten Trachtenvereine, also einer, der sich schon entschieden hat, könnte auf die Frage, warum er Trachtler sei, vielleicht antworten: »Weil I für d'Feierwehr z'langsam bin und fürn Schachclub z'blöd!«
Mit der Hingabe der Seele an die Statuten sind sofort die Fragen geklärt, wer mich auf meinem letzten Weg im Sarg trägt und dass mir überhaupt jemand ein paar Worte ins Grab nachruft, heißt es doch, je mehr Vereinsmitgliedschaften, um so fideler die Beerdigung, und je fideler die Bestattung, um so attraktiver das Andenken. Eine legitime Form der postumen Eitelkeit.

Selbst auf unterster Ebene erweist sich der politische Zentralismus als Zerstörer vertrauter Lebensweisen. So richtig wichtig wurden deshalb die Vereine nach der bayerischen Gebietsreform, als wertkonservative Strukturerhaltungsinstrumente.

Erleben Sie das Geheimnis der Geburt des Rautenmusters.

Die Bildung von Großgemeinden durch Schaffung neuer Verwaltungseinheiten führte auf dem Lande zur Gefährdung gewachsener Strukturen und dazu, dass die seit Menschengedenken bestehenden, selbstverwalteten Dörfer Gefahr liefen, ihren Bewohnern als vertraute und attraktive Heimat verloren zu gehen. Der Verlust der Selbstständigkeit der bisherigen Einheit verursacht Sinnverlust und radikale, gefühlte Sinnlosigkeit. Daraus resultiert Langeweile, die viele zur Flucht verleitet und die Zurückgelassenen resignieren lässt.

Doch es gibt auf dem Land noch ein Zusammengehörigkeitsgefühl, weil es nach wie vor üblich ist, Mitglied bei der Feuerwehr zu sein, auf Grund ihrer Schutzfunktion der sinnvollste Verein. Hatte doch jede Gemeinde ihre Ortsfeuerwehr und die hieß auch weiterhin wie bisher – und nicht wie das neue Kommunalgebilde.

Jeder unterstützt die Feuerwehr. Auf ihrem Ball zahlen alle Eintritt, auch jene, die, weil ihnen die Musik zu laut oder zu modern ist, den Ballsaal gar nicht betreten, sondern sich in der ballfreien Zone der Gaststube aufhalten.

Aber auch jede Ordnungsmaßnahme übernimmt bei Bedarf die Feuerwehr, als da sind Verkehrsregelungen bei Berg- und Waldfesten sowie Straßensperren und Umleitungen.

Bei Fronleichnamsprozessionen werden die Feuerwehrleute wegen der Galauniform wie hoheitliche Repräsentanten wahrgenommen.

Da man allerdings schon als junger Erwachsener der Feuerwehr beitritt, wirkt bei so manchem die Uniformjacke wie der Beweis, dass der Mensch mit den Grenzen des Wachstums nichts am Helm hat. Gleicht doch die menschliche Figur oft dem Rauch eines Schwelbrandes: Es wird und wird nicht weniger, das aber langsam. Das Spannendste an Feuerwehrveranstaltungen sind die Uniformjacken.

Die Kleidung bayerischer Vereine und Vereinigungen unterliegt folgender Ordnung:

Es gibt in Bayern Trachtenvereine und Vereine mit Trachten, gefolgt von jenen, die danach trachten, ohne Trachten auszukommen. Es sollen welche existieren, denen dieses sogar gelingt. Allerdings konnten dafür noch keine Beweise erbracht werden.

Uniformierte Bayern sind aber nicht zwangsläufig organisiert. Da gibt's viele, die notfalls ohne jegliche Mitgliedschaft immer in trachtenähnlicher Panade aufkreuzen, oft Leute, die Lüftlmalerei für ernstzunehmende und anspruchsvolle Kunst halten. Diese Zeitgenossen heißen entweder Zuag'roaste (vornehmlich angesiedelt in der Umgebung oberbayerischer Seen), in großen Orten heißen sie Innenstadtförster; und oft auch nennt man sie Oberbayern.

Die Trachtenvereine, Extremtrachtler, Trachtenverberber gar, Lordsiegelbewahrer der Trachtenreinheit, Konservierer bayerischen Volksgutes und Tradierende des Althergebrachten, shaolin-mönchs-gleiche Darbieter heimischer Outfits in Volkstanz- und Bauerntheaterklassikern zur Förderung von Identität und Tourismus. Alle schuhplatteln gerne in der Öffentlichkeit, stehen auf Tischen und schnalzen mit Peitschen, geben sich beim Reigen pantomimisch Watschen und bewegen sich mit Dirndldamen als Mühlradl, singen bayerische Lieder zur Zither, und wenn keine Touristen da sind, unterrichten sie ihre Kinder von klein auf in diesen Künsten, auf dass auch sie in der Lage sind, den Touristen vorzuführen – Entschuldigung, ich meine natürlich »dem Touristen vorzuführen«.

Es folgt das Zielgebiet für fast eine halbe Million Einheimische, die Schützenvereine. Auch dort wird beträchtlich Tracht getragen, außer vielleicht beim Schießen, genauer gesagt außer bei den wie privat organisierten, abendlichen Zielwasser-Übungen in versteckten Nebenzimmern von in Schulzentren integrierten Dreifachturnhallen. Dort findet man schon vereinzelt diese scheuen Schützen, die direkt nach der Arbeit in den Verein wechseln und dann schon mal als gewöhnliche Konfektionszivilisten die Waffe in die Hand nehmen – aber niemals ohne Hut.

Und dann die Typen der totalen Vereinigung aus Loden und Armbrust, deren Bedeutendster schon ganz früh, bereits in der Genesis, als Nimrod erwähnt wird: »Dieser wurde der erste Held auf der Erde. Er wurde ein gewaltiger Jäger vor dem Herrn.« (1. Mose 10,8).

Die Jäger mussten damals noch ran an den Feind, da gab's nicht die Sicherheit der Hochsitze, von wo aus man das Mammut unbeschadet erschießen konnte.

Die Jäger pflegen seltsame Bräuche, wovon einer darin besteht, dass sie sich das Wild bis vor die Knarre treiben lassen und dann doch den Treiber erschießen. Am Jagdende legen sie die Kadaver in Reihen aus, hektarweise totes Getier (die Treiber liegen woanders).
Für das schlechte Gewissen gibt's ja den Bruch. Es handelt sich dabei um ein mit dem Opferblut versehenes Zweiglein, das sich der Jäger selbst an der Hut steckt. Ist ein anderer Jäger dabei, so wird der Bruch von diesem mit der linken Hand überreicht. Allerdings nur mit dem Hut als Tablett. Mit der Rechten ergreift er die rechte Hand des Erlegers und wünscht ihm »Weidmannsheil«. Der Schütze erwidert mit einem »Weidmannsdank« und steckt sich selbst den Bruch an die rechte Hutseite. Es soll damit, so der Jäger eigenartige Logik, dem erlegten Tier Respekt gezollt werden. Ein bisschen erinnert es an ein Wildwest-Gebaren, wenn ein Revolverheld das Duell gewinnt, weil sein Gegenüber keine Waffe hatte, und er ihn ob dieser Tatsache als fairen Gegner bezeichnet.
Ein Vereinsphänomen ist das Generieren von Experten. Im Verein wird man zum Fachmann für alle Angelegenheiten, die im weitesten Sinne mit dem Vereinszweck identisch sind.
In Garmisch konnte ich das einmal hautnah erleben. Weil in einem Café bei der weißen Treppe zur oberen Abteilung die erste Stufe im Blau des Bodens gehalten war und ich auch noch nicht so vertraut war mit den Tücken meiner neuen Gleitsichtgläser, stolperte ich dergestalt, dass ich unter Mitnahme dreier Stapel Teller auf den Boden stürzte und von Scherben bedeckt dalag. Nebenan tagten, welch ein Zufall, Mitglieder von Alpenverein und Bergwacht, die sofort eine sie ureigen betreffende Aufgabe erkannten und, geschult in Katastrophenwitterung, unverzüglich zur Stelle waren und mich innerhalb kürzester Zeit unversehrt wieder auf die Beine stellten und nach kurzer Erkundigung nach meinem Befinden sich auf ihre Plätze zurückzogen. Als auch ich den so unterbrochenen Aufstieg fortsetzen wollte, bemerkte ich, wie jemand neben mir stand, mich mit beiden Händen kräftig und bestimmt am Unterarm festhielt. Ein älterer etwas untersetzter Älpler stand entschlossenen Blicks neben mir und ließ mich nicht aus. Ich wurde langsam sauer. Als selbst sanfte, aber bestimmte Befreiungsversuche nicht zu einem Erfolg führten, fuhr ich ihn an, mich endlich loszulassen. Daraufhin er treuherzig, aber umso entschlossener:
»I sicher' bloß!«
Die Vereins- und Gruppenbildung sei am Beispiel eines stark bäuerlichen Dorfes (ca. 280 Seelen) verdeutlicht:
Freiwillige Feuerwehr, Sportverein, Krieger- und Soldaten- beziehungsweise Veteranenverein, Schützenverein, Trachtenverein, Blaskapelle, Faschingsverein, 13 Stammtische (entspricht fünf Wirtshäusern), Kegelclub (eine Bundeskegelbahn, automatisch!), Rallyeclub (Nachfolgeorganisation des Motorsport- und Motocrossvereins für NSU Prinz, Kreidler-Florett und Zündapp-Moped), Maibaumverein, Ringer, Maschinenring, Waldbauernvereinigung, Molkereigenossenschaft, Kindheit-Jesu-Verein, CSU, Gewerkschaft, katholische Kirche, Gemeinderat, Kirchenchor, Landfrauen, Schafkopfer, Stopselclub, Bauernverband, Jagdgenossenschaft, Genossenschaftsbank, die 33 Brüder – eine Bruderschaft nur für Beerdigungsfeierlichkeiten, die durch ihre Anzahl an die Lebensjahre Christi erinnern wollen und realiter etwa aus drei bis fünf alten Herren besteht.
Vielleicht versteht man jetzt auch, warum sich im Jahre 1968 in München der »letzte Verein gegen Vereins- und Gruppenbildung e.V.«, kurz l.V.g.V.u.G.e.V. gegründet hat. Diese Idee der Gründerväter des Vereins hat der Karikaturist Dieter O. Klama kongenial mit einem Plakat begleitet, mit der Botschaft: »An einem noch festzulegendem Zeitpunkt findet um ca. soundsoviel Uhr mit Sicherheit keine Veranstaltung statt.«
Damit ist die Idee des Individuums in Bayern nachweislich schon 1968 geboren worden. Der bayerische Mensch, ein zoon politikon, noch vereinnahmt im Verein der Vereinigungen, wird losgelöst von allen Gruppen, aus einer Utopie der Vereinsamung heraus. Es ist die ideale Daseinsform für den Bayern, der ja wegen seiner einzigartigen Besonderheit schon immer in kollektiver Einsamkeit vereinsamt um sich selbst gekreist ist. Bayerischer Orbit. Per omnia saecula saeculorum.

## Wiesneinzug der Schützenvereine

Kaschperle, was machst du mit dem Schutzmann? Der Polizistin am Rande des Trachtenzugs weht's den Hut vom Kopf. Wahrscheinlich stinkt's dem Fahnenschwinger, weil der größte Schützenverein doch die Ordnungshüter sind und im Gegensatz zu ihm unter Waffen gehen dürfen. Der Beamtenschikanierer bleibt aber ungeschoren, weil Beamte ohne Kopfbedeckung nicht vollständig sind. (Hut-Etikette!)

Aber immerhin: endlich auch Frauen. Schmuck im Dirndl unter Fahnen der Vereine. Eine der spärlichen Frauenfunktionen, die Fahnenmutter – meist kein Dirndl mehr!

Die medaillenbehängte Brust fordert Selbstbescheidung: Welch eine Aufregung, wenn nach dem übermäßigen Genuss von Problembier und daraus resultierender übelkeitslindernder Zwangsabgabe in vornübergebeugter Haltung der schwere Schmuck seinen Träger unwiederbringlich in den Orkus einer cloaca maxima hinunterzieht.
Ein Schelm, der Schlechtes bei den Fahnenträgern denkt, aber jener ohne Fahne wirkt doch ein bisschen frivol.

# O Mai, oh mei!

Beim Maibaum geht's im Wesentlichen darum, wer den Längsten hat. Somit ist der weit verbreitete bayerische Brauch des Aufstellens von Bäumen eindeutig Ausdruck von Männlichkeit, was allein schon die unmittelbare zeitliche Nachbarschaft des 1. Mai zur Walpurgisnacht nahelegt.

Das Mutieren der Frauen zu Hexen wirkt doch wie der nur unzulänglich verschleierte Versuch, im Geschlechterkampf die Macht zu erringen (so sollen ja die Hexen sogar dem Vieh nachgestellt haben).

Und das zwingt den Mann geradezu, seine geschundene Sache, zumindest symbolisch, wieder auf- und gerade zu richten, vom Flachland bis zur Zugspitze.

Diese, tiefenpsychologisch zu bewertende Einführung in das Brauchtum rund um den Maibaum, zeigt einmal mehr am Beispiel Bayern, dass die Bewältigung des Verhältnisses Mann-Frau, im Sinne einer stressfreien, liebevollen und friedlichen Koexistenz, sich seiner Grenzen spätestens beim Anblick einer Maifeier, zumindest unterbewusst immer wieder gewahr wird.

Und schmerzlich muss man erkennen, dass der Wonnemond, der bekanntlich soviel lieblichen Einfluss nimmt auf die Beziehung der Geschlechter, ihnen andererseits sogar feindlich gesonnen ist.

Das ist sie, die Geißel des Dualismus, die dem Menschen an so vielen Stellen Schmerz und Pein bereitet.

Klassisches Maibaumaufstellen, wie nachgewiesen reine Männersache, und traditionell ist keine Frauenhand zugelassen, muss doch nach der Narretei Walpurgisnacht die Sache erst wieder auf Normalmaß gestutzt werden.
Um sich nicht die Schwäche zu geben, er fürchte die Frauen oder halte sie gar für wichtig, verbrämt der Mann den Symbolakt zum Erhalt der männlichen Vorherrschaft mit allerlei Firlefanz bis hin zum Maibaumstehlen. Konsequenterweise ist es, im Sinne der eingangs aufgeworfenen sexualbezogenen Maibaumtheorie, ein Spiel nur für Männer.

SCHAND-
BAUM

Die bestohlene Partei muss dann den Baum auslösen, meist mit Bier, und zwar ausreichend, oder es teeren und federn die Diebe den Baum und stellen ihn als Schandbaum neben ihrem eigenen auf. Allen zur Mahnung, die meinen, dass allein ein gutes Versteck ausreicht und deswegen bei der Bewachung schlampen und saufen bis zum ersten Mai.

Bundeskegelbahnen

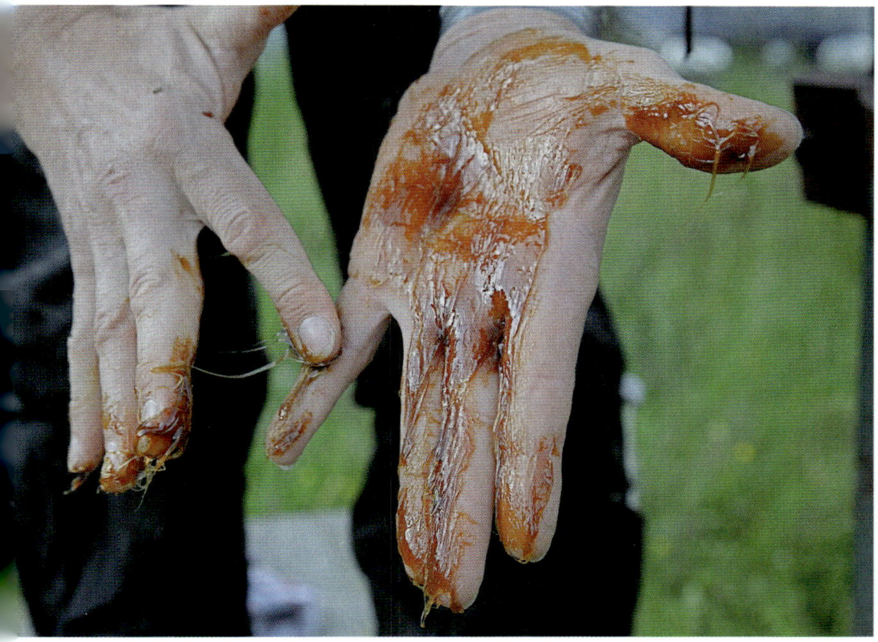

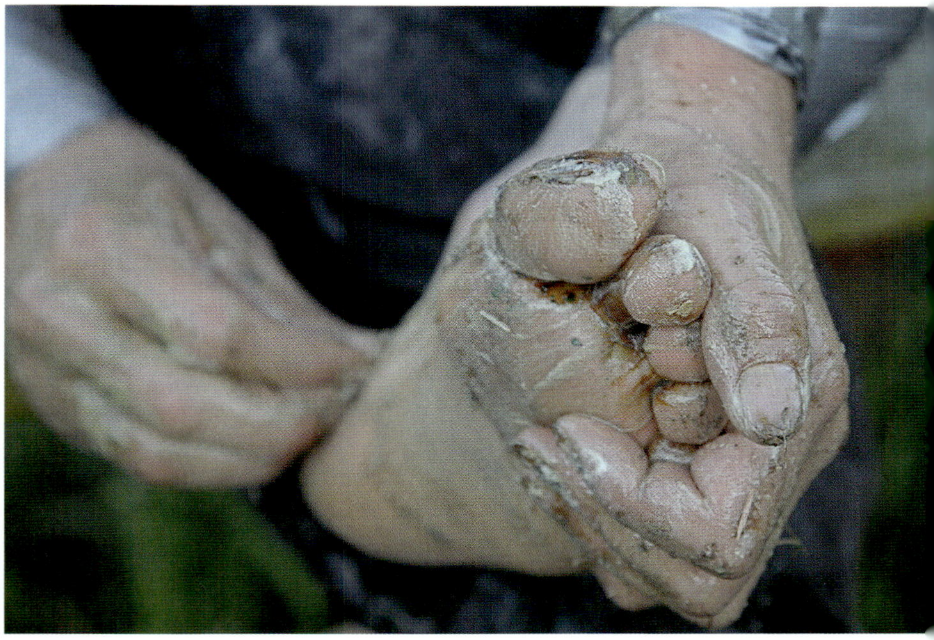

# Vizeweltmeister Max Sterzl bei der Arbeit

Steht der Baum, findet unverzüglich das Maibaumkraxeln statt. Macht sich auch der Mann dabei optisch zum Affen, wird der Welt mit diesem symbolischen Akt doch gezeigt, dass männliche Machtinstrumente sehr wohl geeignet sind, dem Mann wieder seinen ihm in der Natur zugeordneten Platz zuzuweisen: An der Spitze, und zwar ganz oben!

Diese Tätigkeit, die Spitze des Maibaums zu erreichen, wird als so wichtig empfunden, dass sie vielerorts sogar einem Wettbewerb unterworfen wird – extrem bayerisch eben –, was es uns aber ermöglicht, dass wir Ihnen auf den Fotos dieser Seite den Vizeweltmeister im Maibaumkraxeln, Max Sterzl und eine Abbildung seiner geheimnisvollen Rezepturen vorstellen dürfen.

Übrigens: Auf den Anwurf, dass das Erste-Mai-Treiben nicht gerade frauenfreundlich sei, wird der Bayer sich lakonisch aus der Affäre ziehen mit einem unverbindlichen, aber bestimmten »Ja mai.«

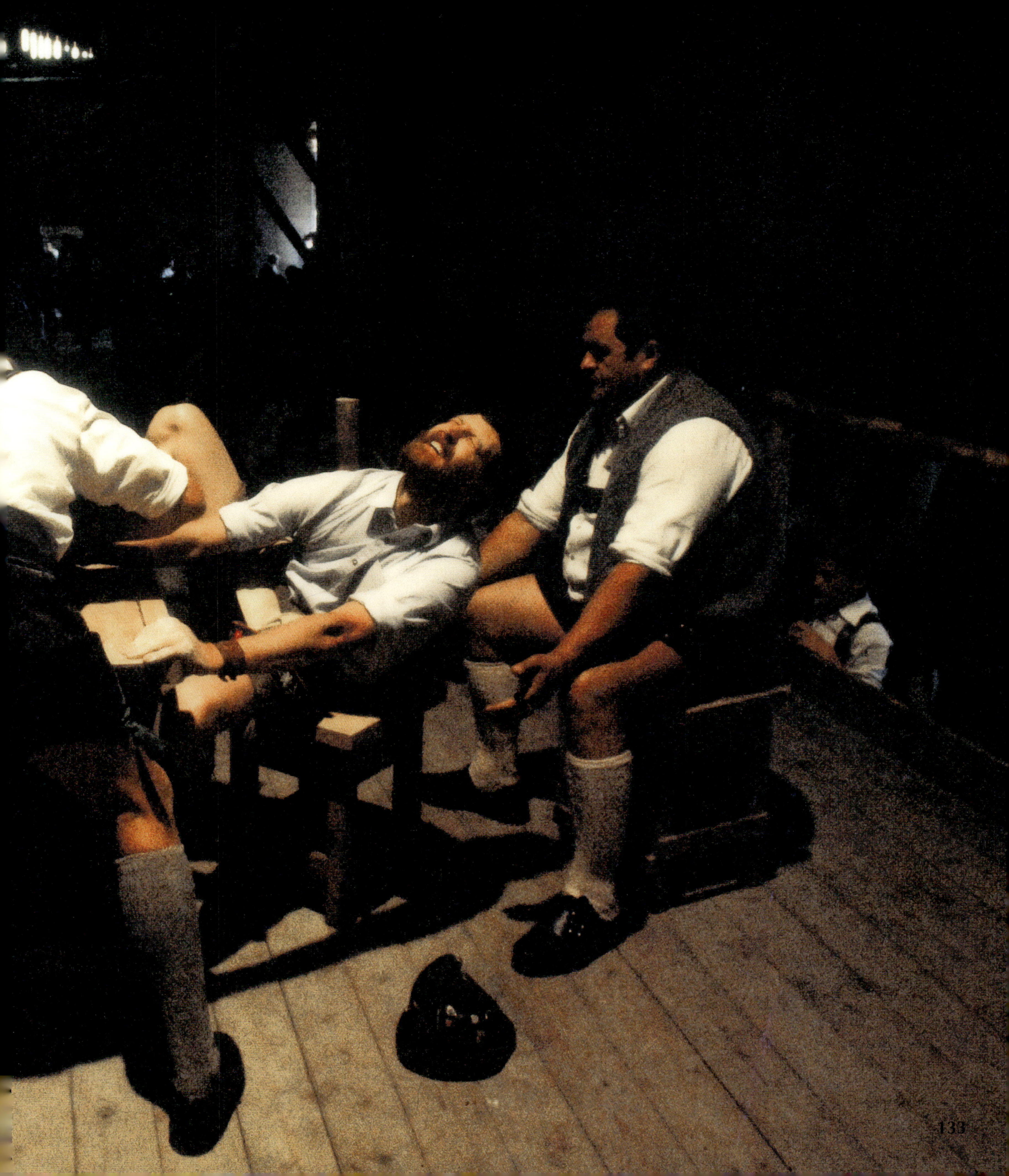

# Bayernsport de luxe

Wie Sie auch dem letzten gemäldegleichen Foto einer klassischen Fingerhakelszene entnehmen können, bewegen wir uns mit vorliegendem Werk schon seit geraumer Zeit in der höchst seltsamen, aber liebevoll charmanten und verspielt gelassenen Welt populärer demokratischer, bayerischer Extremsportarten. Es dürfte deshalb von Interesse sein, sich in die Untiefen des ernsthaften, wenn auch nicht immer seriösen Leistungssports zu begeben und sich seiner selbst sowie seiner Randerscheinungen zu widmen. Schauen wir, zur Vervollkommnung unserer Expertise über die bayerische Sportsfamilie, erst einmal kurz bei den reichen und etablierten Verwandten vorbei.

Eine Bemerkung zuvor, in eigener Sache: Wenn auch der Autor dieser extrem-bayerischen Betrachtungen selbst nicht gerade phänotypisch als Exponent bayerischer Sportlichkeit in Erscheinung tritt, warne ich doch vor zwar durchaus nahe iegenden, aber allzu leichtfertig vorgetragenen Vorurteilen, die dem leicht immobil anmutenden Verfasser dieser Zeilen die fachliche Kompetenz absprechen sollen.

Sport in seiner Gesamtheit ist, das sei zugestanden, zwar zunächst gar nicht denkbar ohne eine Abfolge von Übungen primär praktischer Natur, also echte, sicht- und fühlbare Verrenkungen des Körpers. Zu seinem Erscheinungsbild gehört aber auch das schmerz- und plagefreie, bequeme und auch massenhafte Eintauchen in die unterhaltsame, allerdings nur theoretische Beschäftigung mit dem sportlichen Geschehen, welches in solchen Fällen von zum Teil höchstbezahlten Vorzeigesportlern an speziell dafür errichteten Plätzen stellvertretend dargeboten wird.

Dieser von der Praxis losgelöste, manchmal sogar exzessive Umgang mit der Theorie ist oft nicht frei von Nebenwirkungen und generiert jenen millionenfachen Ausbund sportbezogenen Sachverständnisses, jenes Expertenwesen, das ganze Stadien füllt und dem Bundestrainer das Leben zur Hölle macht. Aber auch der Sportfan, so nennt man gemeinhin den obengenannten Typus Bewegungstheoretiker, lebt nicht nur im unbeschwerten Genuss des sich Hineinfallenlassens in die ausschließlich subjektiv gefühlte und daher nur emotionsgefärbte vage Interpretation des Spiel- und Sportgeschehens. Auch für ihn gilt: Es geht beim etablierten Sport grundsätzlich immer nur um einwandfrei messbare, objektive Leistungen und – bitteres Ende oft immanent – um klare Ergebnisse, um Hundertstel, Tausendstel oder Tore, wenn auch die Ansichten der Schlachtenbummler jeglicher Couleur manchmal sehr davon abweichen.

Allerdings wurde sogar schon in antiken Zeiten zur Schaffung gefälliger Resultate nach Alternativen geforscht. So galt Perikles, der athenische Spitzenpolitiker aus dem 5. Jahrhundert ante Christum, als solch begnadeter Redner, dass noch heute von ihm kolportiert wird, er sei in der Lage gewesen, nach einem Ringkampf den Verlierer zum Sieger schönzureden. In der Neuzeit ist das dem Ruhrpott-Verein Schalke 04 beinahe wie von selbst gelungen, als er, obwohl am Ende der Spielzeit nur auf Platz 2, von der öffentlichen Meinung zum »Meister der Herzen« gekürt wurde.

Wer allerdings heutzutage mit den zweifelhaften Möglichkeiten von Ergebnisklitterei beziehungsweise mit alternativer sportlicher Endstandskosmetik liebäugelt, dem sei zumindest geraten, dieses nicht untauglich, zum Beispiel als Hooligan, via Gewalt zu versuchen, denn da wäre die vernünftigere Lösung schon die Gründung eines Wettbüros oder wenigstens das Einschlagen der Schiedsrichterlaufbahn.

Über allem in Bayern und über jeden Zweifel erhaben steht das ungeschriebene bayerische Prosperitätsbeschleunigungsgesetz, also jenes bereits erwähnte *vivat, crescat, floreat,* das, in Idealkonkurrenz mit der olympischen Idee, gern noch ein »schneller, höher, weiter« aufgesetzt bekommt. Das verleiht so manchem sportlichen Erfolg ein Äonen überdauerndes Aufsehen. Und so kann es vorkommen, dass ein einziges, wichtiges Tor, im rechten Augenblick erzielt, seinen Schützen, auch wenn der sonst nie wieder auch nur den Hauch einer Leistung gezeigt hat, der Unsterblichkeit anheimgibt.

Im Laufe der Jahre erkor sich die Volksseele so manchen sportlichen Helden für die ewige Verehrung. Auf diese Weise schon zu Lebzeiten heiliggesprochen: die Rosi, der Wasi, der Kühnhackel und der Hackl Schorsch, zudem viele Sportskanonen, gerne aus dem Bereich Fußball, so die Torwartlegende Radi Radenkovic, der Beutebayer der 60er, und fast die ganze Bayernelf der Tschick-Cajeovski-Ära.

Die Latte bayerischer Olympiasieger ist nahezu unermesslich, und wenn wir dieselbe mal anlegen, dann kommt Verblüffendes heraus: Der Freistaat Bayern hätte, wäre er als eigenständige Nation bei den Olympischen Winterspielen 2010 in Vancouver angetreten, im Medaillenspiegel den Platz 4 belegt.

Wer in diesem sportbegeisterten Bayernland vom Flughafen oder von Norden kommend nach München hineinfährt, wird an der Autobahn, kurz vor der Stadtgrenze, eine auffällig seltsame Installation entdecken, als hätte das Michelin-Männchen beim Versuch, ein Selbstbildnis seiner Taille zu schaffen, ein postmodernes Schlauchboot geworfen.

Dieses Gebilde wartet mit dem Schriftzug »Allianz-Arena« auf, ist aber beileibe kein klassischer Versicherungstempel. Versicherungsgebäude erkennt man nämlich in der Regel daran, dass sie immer aus sehr viel Glas bestehen, so gut wie durchsichtig wirken. Das gilt als vertrauensbildende Maßnahme für die Kundschaft, die dann glaubt, und das ist Sinn der Sache, dass bei denen, die der 68er nach der Revolution eigentlich als Erste enteignet hätte, inzwischen alles mit rechten Dingen zugeht.

Die »Causa Allianz-Arena« war, bedingt durch langwierige und schwere Geburtswehen von Anfang an, alles andere als durchschaubar. Obgleich ein Versicherungsbau, erwies sich dieses Sportstättenkonstrukt dermaßen undurchsichtig, dass das Glas für den nötigen Durchblick nicht einmal mit dem Know-how von Assekuranzmaßstäben jemals hätte aufgetrieben werden können.

Also verzichtete man notgedrungen gleich ganz auf Transparenz und entschied sich für eine unverfängliche Außenwirkung als Bayerns größter und auffälligster Informationsdienstleister in Sachen Münchner Fußball. Und so leuchtete die Fröttmaninger Arena jahrelang als Riesen-Orientierungs-LED, je nachdem, wer spielt, rot beziehungsweise blau in die Welt hinaus, wobei an fußballfreien Tagen das Gebäude in unschuldigem Weiß erstrahlt.

Tatsache aber ist, dass der arme blaue und der reiche rote Club, an sich Inbegriff lokaler Fußballrivalität, sich aus Sparsamkeit ein Denkmal in Form eines gemeinsamen Stadions setzen wollten.

Diese unheilige Allianz, die sich ideell eher kontraproduktiv auswirkte (so fehlt es leider jedem Derby zunehmend an Würze, und die Vereinsidentitäten verblassen kontinuierlich), wurde durch einen Provisionsskandal aus der gemeinsamen Bauzeit der Arena beendet. Die Ursachen sind rätselhaft, und man fragt sich noch heute, wie so etwas überhaupt ans Licht kommen konnte.

Die Theorien überschlagen sich: Durfte da der Juniorpräsident (die 60er waren nämlich gerade kurz davor, die erbliche Monarchie in der Vereinsführung zu installieren) das erste Mal allein aufs Töpfchen gehen und hat sofort kräftig daneben geschissen, oder ist der alte Präsident der erste Wirt, der nicht weiß, dass man das Schwarzgeld nicht über die Kasse laufen lassen darf?

Klar ist nur das Ergebnis: Der ehemalige Miteigentümer der Allianz-Arena, der TSV 1860 München, wurde Stadionmieter beim Erbfeind FC Bayern München.

Ob man ihn mag oder nicht, man muss zugestehen, dass der bedeutendste Botschafter des Bayernsports unangefochten der FC Bayern München ist. Der deutsche Rekordmeister ist seit Jahren ökonomisch bestens aufgestellt, so dass er, wenn Not am Mann ist, kurzerhand, ohne Schulden machen zu müssen, vom Festgeld einen teuren guten Spieler kaufen kann. Erstaunlicherweise ist andererseits das gesamte Gebilde aus der Säbener Straße so konfus, dass

zum Beispiel der damalige Vereinspräsident Franz Beckenbauer zur selben Zeit für ein anderes Weißbier Werbung gemacht hat als für das vom offiziellen Vereinssponsor. Ebenso hat jener »Kaiser« kein Problem, als Kommentator im Pay-TV anlässlich der Champions-League »objektiv« auch über die eigene Mannschaft herzufallen.
Die Spitze dieses Vereins bestand in den letzten Jahren im Wesentlichen aus hausgemachten Weltmeistern und einem einheimischen Ministerpräsidenten als Beirat.
Beim FCB könnte ein vereinsinterner Vorgang folgendermaßen ablaufen: Besagter Beirat hat irgendetwas »angeregt«, indem er in eindeutiger Kompetenzüberschreitung in einer an sich geheimen Vereinsangelegenheit aus Versehen zu laut nachgedacht hat. Auf eine Journalistenfrage hin erkennt der Beckenbauer »sicherlich« sofortigen Erklärungsbedarf und adelt durch eine ihm eigene, bizarre Kommentierung mit niedrigem Verfallsdatum die Information in einer Weise, dass der Hoeneß seine ganze Fuchsenhaftigkeit aufbieten muss, um die Geschichte mühsam vom Tisch zu bügeln, notfalls mit einer edlen Spende für einen guten Zweck.
Und wenn endlich Gras über die Peinlichkeit gewachsen ist, kommt der Rummenigge und frisst es wieder weg, wobei ihm in früheren Zeiten nicht selten die von Lothar Matthäus wie immer rechtzeitig informierte Bildzeitung im letzten Moment danndoch zuvorkam.

Größtes Geheimnis in diesem Zusammenhang ist und wird immer bleiben, wie es damals gelungen ist, die Verpflichtung des Jürgen Klinsmann bis zuletzt geheim zu halten.
Ansonsten ist dieser Verein signifikant einem gewissen Verfolgungswahn unterworfen, der sich so äußert:
1. Vereinsmitglieder des FC Bayern leiden alle unter einer Phobie: Sie haben die fixe Idee, dass andere Mannschaften ausschließlich gegen die Münchner mit 300 Prozent spielen (ein in Wirklichkeit hausgemachtes Problem, weil Raffke FCB immer gleich jeden kauft, der gegen die Roten gut gekickt hat).
2. Auch sind sie alle der Ansicht, und zwar in einem Ausmaß, dass man es mit Fug und Recht als pathologisch bezeichnen kann, dass sich die anderen »immer nur hinten reinstellen« und damit den Rekordmeister nicht ins Spiel kommen lassen. (Während es aber, nach eigenem Bekunden, zum Beispiel nach Arbeits- oder Duselsiegen, für die Bayern selbst, so die Vorstände, oft nur darum geht, überhaupt zu gewinnen und eben nicht darum, »einen Schönheitspokal zu gewinnen«. Deswegen darf man die übliche Bayernspielweise, wenn's beim Heimspiel nach zehn Minuten 1:0 steht, getrost als achte Todsünde bezeichnen.)
3. Dass andere Bundesligavereine auch Fernsehgelder bekommen, obwohl sie schlechter sind als der FC Bayern München und damit eigentlich kein Geld

verdienten, betrachtet man in der Säbener Straße als direkten Angriff auf Fußballgottes auserwählten Verein FCB, der ob seiner einzigartigen Verdienste um den deutschen Fußball, das Universum und überhaupt, in Wirklichkeit als Einziger bezugsberechtigt sein kann und darf. (Habe ich da etwas falsch verstanden? Wenn alle anderen Vereine verhungert sind, dann gibt's ja bald nur noch der FCB. Allerdings muss die Frage erlaubt sein: Gegen wen soll dann überhaupt noch gespielt werden und wo kommen dann die TV-Gelder her?)

4. Der deutsche Rekordmeister holt in schöner Regelmäßigkeit einen Titel nach dem anderen. Darüber freuen sie sich aber nicht, nein, sie ärgern sich, dass man es ihnen nicht gönnt.

Wer es den Roten nicht gönnt, sind die Blauen, der TSV 1860 München. Der deutsche Meister von 1966, einst die unangefochtene Nummer eins in München, mit dem Siegel Traditionsverein, war schon immer anders als der Lokalrivale. Um Mitglied beim FC Bayern zu werden, war seinerzeit das Einjährige, heute entspräche es der mittleren Reife, vorzuweisen. In dunkler Zeit spielte der eher jüdische Verein die edlere Rolle. Die Blauen, traditionell der Arbeiterverein, hatten, gelinde ausgedrückt, wenig Berührungsängste mit dem Nationalsozialismus.

Heute sind die Fans des FC Bayern auf Grund der Masse nicht mehr eindeutig einzuordnen, sind somit eher ein Querschnitt der Gesellschaft, in München allerdings mit einem gewissen Überhang an einer desinteressierten Schickeria auf der Haupttribüne.

Wer sich für den TSV 1860 zu Wort meldet, ist entweder Traditionsfan aus dem Bayerischen Wald, Linksintellektueller mit Helfersyndrom, passionierter »Rüscherl«-Trinker (ein objektivitätsförderndes Fan-Mischgetränk aus Cola und Asbach) oder jemand mit dem kultivierten Leidenshunger des gefühlten Underdog. Bei der traditionell vorhandenen Abstiegsfreude der Löwen genießt er wenigstens so manche Saison, dass für die Auswärtsspiele die Streifenkarte für den Münchener S-Bahnbereich genügt. Der Rest der Anhängerschaft setzt sich zusammen aus Liedermachern, ehemaligen Kultusministern und CSU-Parteivorsitzenden, amtierenden Oberbürgermeistern und emeritierten bayerischen SPD-Vorsitzenden. Optisch unterscheidet sich die Masse der Fans in den jeweiligen Kurven nur noch durch die Farben, aber akustisch sind die Blauen besser. Bei einem Bayernspiel kapieren die Profis auf dem Platz eher das Unmögliche, also die Viererkette, als dass es der Fankurve gelingt, den Rest des Stadions zu einer vollständigen La Ola anzustiften.

Unschlagbar jedoch waren die Fans beider Vereine, als sie friedlich vereint in den 80er- und 90er-Jahren die Eishockeycracks von Hedos München anfeuerten und dabei das Münchner Eissportstadion zum Freudenhaus der Liga verwandelten.

Und dann existiert da noch der Inbegriff des bayerischen Traditionsvereines: Wie eine Diva strahlt er aus der Vielzahl der Spielvereinigungen, und wenn man von ihm spricht, dann heißt es liebevoll nur »der Club«. Wenn die Nürnberger spielen, ist ganz Nordbayern außer Rand und Band. Das ganze Frankenland identifiziert sich mit diesem *Club*, den es wahrscheinlich nur noch gibt, weil er nicht unter den Teppich gekehrt wurde, sondern dank seines etwas eigenartigen Präsidenten auf demselben bleiben konnte. Dabei steht er in seiner Absteigerei und dem dazu gehörigen Auf und Nieder dem TSV 1860 München als Bruder im Geiste durchaus nahe.

Wenn es hier auch um den hiesigen »Sport de luxe« geht, so macht doch Geld allein nicht glücklich. Noch sind wir in unseren Breiten weit entfernt vom amerikanischen Ligensystem, das auf Gedeih und Verderb der Kaufkraft ihrer Besitzer ausgeliefert ist und zum reinen Showgeschäft mutiert. Bei uns spielt immer noch das Herz mit, oder wie es bei den Löwen heißt: »Heimat ist da, wo das Herz weh tut.« Siegen und scheitern sind die sportlichen Extreme, die auch mit professionellen abendländischen Leibesübungen untrennbar verbunden sind, weil sie die Menschen bangen und hoffen lassen. Zauber der Emotionen!

Das Fundament für diese Haltung mag durchaus auch im Breitensport liegen. Für viele gehört eben, ob aktiv oder passiv, das Sportliche zur Lebensqualität.

Mich hindert das allerdings nicht, dass es mir beim Betreten einer jeden Turnhalle sofort den Satz heraushaut: »Oh, ich hab mein Turnzeug vergessen!«

# Fingerhakeln

Der Bayer ist nicht unverschämt: Wenn er einen über den Tisch ziehen will, begnügt er sich immer mit einem Finger, niemals wird er die ganze Hand nehmen – selbst wenn es noch so hakt.
Die Verrichtung dieser primär bayerischen wettkämpferischen Extremleibesübung wird mittels zweier zu Haken geformter menschlicher Kurzextremitäten namens Mittelfinger, auch bekannt als der *doppelte Effenberg*, wie es so schön heißt, vollzogen.
Unverkennbar archaisch weist diese Urform des sich Messens dennoch schon in der Höhle – kleine Finesse am Rande der Kulturgeschichte der Menschheit – auf die Unausweichlichkeit des bayerischen Weges von der Jäger- und Sammlerheimat über den Agrarstaat zur High-Tech-Republik unserer Tage hin:
Fingerhakeln ist eine fast schon visionär zu nennende digitalisierte (*digitus* lat. Finger) Version einer Bewältigung der Frage, wer im Augenblick der Stärkere ist. Dabei entdecken wir ein schon in grauer Urzeit angelegtes, wenngleich damals noch äußerst primitiv ausgeformtes binäres System. Braucht es doch zum Fingerhakeln immer zwei!

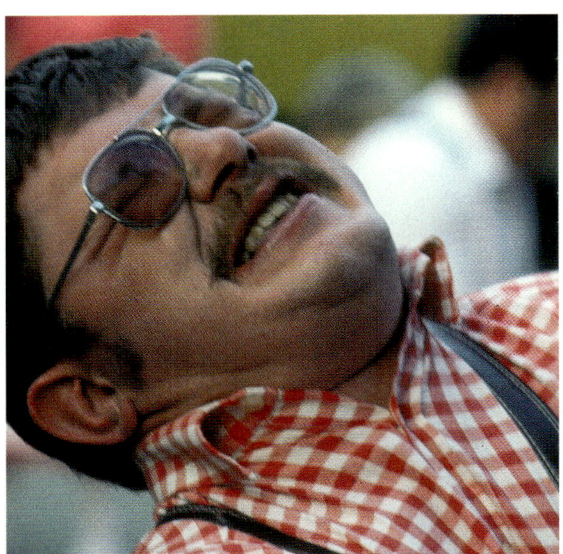
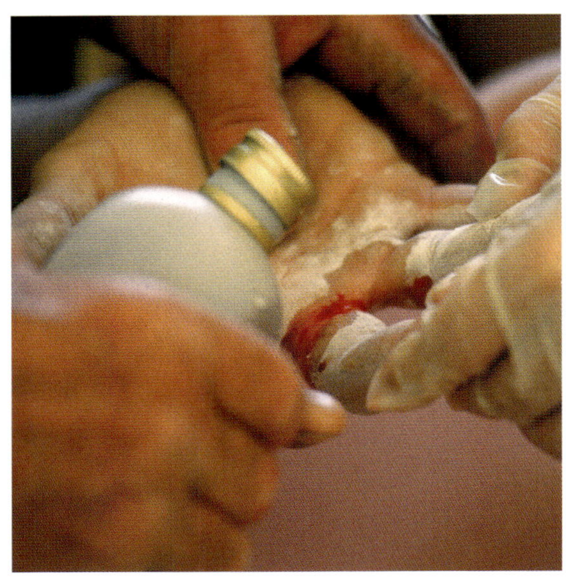

D'Miesenbacher z'Ruhpolding

# Boahakeln, Strängkatznziagn

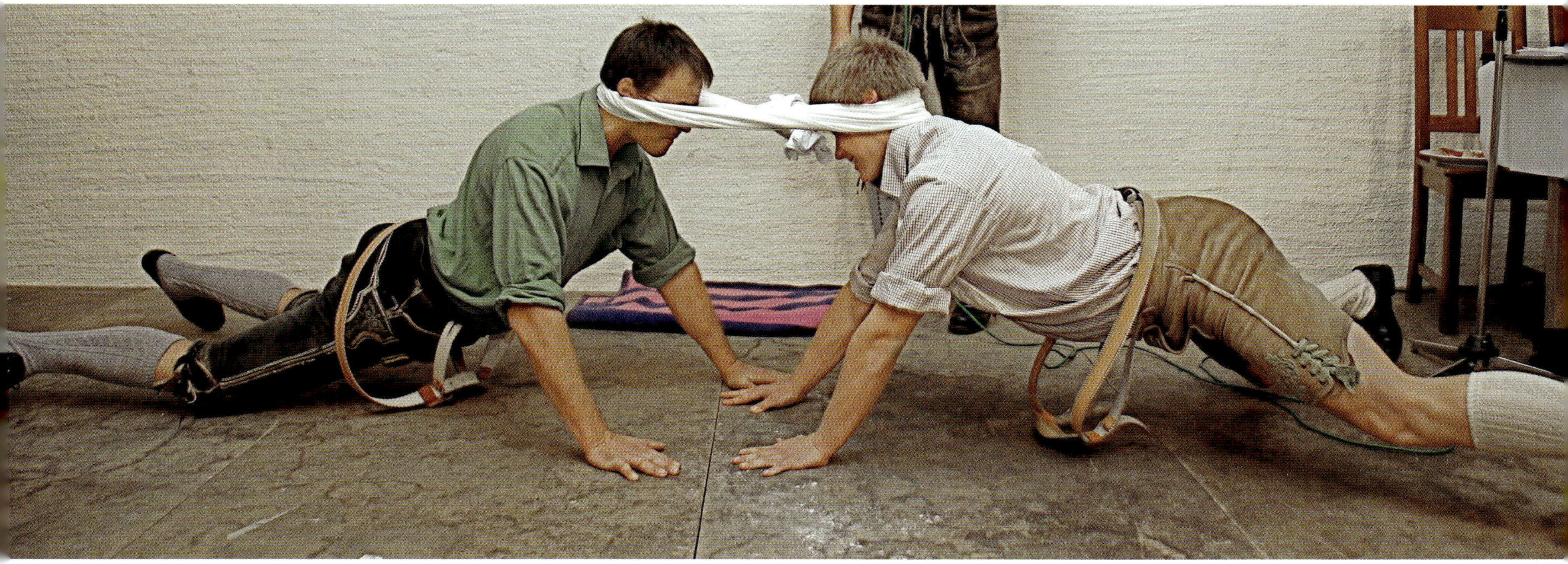

Weingarten, Ruhpolding

# Eisstockschießen

Sigi Sommer, vielen Münchnern noch bekannt durch seine Abendzeitung-Kolumne »Blasius, der Spaziergänger«, als Großmeister des Formulierens und unversiegbarer Quell genialer literarischer Vergleiche und exakter Beschreibungen von Menschen, Situationen und Örtlichkeiten, als Verfasser des wundersam anrührenden Romans »Und keiner weint mir nach«, aber auch Stammtischchef im Augustiner oder begeisterter Eisschütze. Ein bayerischer Münchner und im besten Sinne extrem, somit schon zu Lebzeiten Legende, würdig eines Platzes in der Ruhmeshalle großer Bayern.

Auf der Beliebtheitsskala bei Hobbysportlern angiert weit oben das Eisstockschießen. Eine Art Curling für Kassenpatienten, das Golf des kleinen Mannes, mit derselben Zeittotschlagqualität, aber erschwinglicher und kürzer durch die früher einbrechende Dunkelheit.

Der Bauernhof meiner Eltern im Bayerischen Wald liegt an einem Berg, umgeben von Fischteichen, von denen der unterste wegen besonders eisiger Tallage alljährlich mit der ersten tragenden Eisfläche der Gemeinde dienen konnte. Für die Gemeindestraßen, meist Hohlwege, war der Loisl, seines Zeichens Wegewärter, zuständig. Mit der Vereisung der Weiher begann seine Leidenszeit, bedingt durch die Zerrissenheit zwischen Pflichterfüllung und Suchtverhalten. Mein Bruder, auf Horchposten in seinem Baumhaus, hat ihn oft belauscht, wie es ihn umtrieb, wie die Intervalle zwischen Schaufeln und Scheitern sich immer deutlicher in Richtung der Entscheidung gegen seinen Gemeindeauftrag umgewichteten, was durch entlarvende Selbstgespräche mehr als deutlich wurde. Kurz vor dem Zustand des definitiv Unerträglichen kam ihm plötzlich die Erlösung. Mein Bruder hörte ihn gerade noch sagen: »Hob eh nu an Urlaub guat«, und schon hatte Loisl, der Wegewärter, den Pfad der Tugend verlassen und war auf dem Weg hinunter zu den Eisschützen – um endlich seinen Urlaub abzufeiern.

Nymphenburger Kanal, München

GASTSTÄTTE HEILIG GEIST SPITAL
Pyraser
Herzlich Willkommen

Berlitz
Pyraser
Pyraser
Pyraser

## So sehen Sieger aus!

Der grimme dunkle Herr mit dem selbstbewussten Lanzenauftritt, der aussieht wie ein Hagen von Tronje der Wasserratten, der geheimnisvolle Schwarze Ritter unserer Tage, ist der Turniersieger von Nürnberg. Wie sich später herausstellt auf Kosten der eigenen Knochen in Form mehrerer Rippenbrüche: Aber weil er Schmerz nicht kennt, noch jämmerlich Gewinsel, gab's aber auch kein dokumentierendes Oben-ohne-Foto. Getreu dem Operettenmotto »… wie's da drin aussieht, geht niemand was an!«

Fischerstechen auf der Pegnitz.

Neuburg an der Donau

YAMAHA
90

1904

Vorangehende Doppelseite: Eisschwimmen bei Tag in Neuburg an der Donau. Pikantes Detail: Der Euro-Jet geht baden. Dann (diese Seite) das Gleiche bei Nacht in Lauingen. Vier Grad kaltes Wasser, 300 Schwimmer, darunter drei Bürgermeisterkandidaten wegen Wahlkampferöffnung. Zu heiß gebadet?

# Servus aloha

Wenn hawaiianische Wellenreiter, die mit ihren Brettern gewöhnlich haushohe pazifische Brecher bewältigen, eine Herausforderung suchen oder sich ihre Grenzen aufzeigen lassen wollen, kommen sie nach München in den Englischen Garten zum Eisbach.

Als der Freistaat Bayern wegen zu wildem Wasser solch extremsportliche Aktivitäten verbieten wollte, hat die Stadt München kurzerhand dieses Stück Eisbach sich übereignen lassen, um die weltberühmte Attraktion einer *city-surfing-facility* nicht zu verlieren. Wellenreiten am Gummiseil ist inzwischen wegen erwiesener Lebensgefahr verboten.

BOSE

# Vom *homo ludens* zum *homo faber* und zurück

Weil man vor lauter Arbeit eh alles nur durch die Arbeit lernt, und wir das Arbeiten genau von dem gelernt haben, was wir als Kinder spielten und mit dem Wissen von heute, dass man als Kind vielleicht ganz anders gespielt hätte, hätte man geahnt, dass es einst solche Arbeit wird, ist es trotzdem so, dass der arbeitende Mensch sich immer wieder genau zurückentwickelt, vom *Worker* zum *Player* oder gar zum *Gambler*. Und deshalb sägt er Holz.

Oben: Schafkopfen, das altbayerische Nationalspiel.
Rechts: Skat, eher *breißisch*.

# Schlag-abtausch

Das Nageln – alte Handwerkerübung, mit gewissen Vorteilen für Zimmerleute. Wer daneben trifft, verschafft durch Versenken des Nachbarnagels dem Gegner einen Vorteil. Da ist dann der Nagellack ab. Dem Sieger winkt der nagelneue goldene Nagel.

# G'mahde Wiesn

# Sautrogrennen

Wie der Philharmoniker die Skiffleband, so betrachtet der Ratzeburger Achter mit Steuermann den Sautrog – wenn es schon einmal erlaubt sein soll, dass man sich in Gegensätzen weidet.
Der Spaßfaktor ist dem Trog immanent, womit die Verbissenheit des olympische Unsterblichkeit anstrebenden Ruderers der Leichtigkeit der verspielten Teichmatrosen (Burschenverein Sielenbach) mit nahezu hundertprozentiger Nässegarantie langsam beinahe ganz zum Opfer fällt.
Das wasserharte Vergnügen, mit mehr Schadens- als Siegesfreude verweist irgendwann einmal die olympische Disziplin auf die Plätze – zumindest was das Gaudiextrem betrifft. Ort der Geschehens ist die Ecknach, bei der Wallfahrtskirche Maria Birnbaum.

BRAUEREI
KÜHBACH
TEAM
MALAN

Doch was seh ich da am Horizont? Eine Bande, die mit einer überdimensionalen Bierattrappe Werbung macht. Ist also das jungfräuliche Zu-Wasser-Lassen des hölzernen Brühpechbehälters augenscheinlich auch schon dem Kommerz auf den Leim gegangen?

# Flößerei

Beim Floßfahren beschränkt sich, im Gegensatz zum Sautrogschwimmen, die Anwendung der Befeuchtung auf das Innere, mal abgesehen von bisweilen vorkommenden Folgen einer Einnahme-Überdosis von Innenbefeuchtern.
Die Flößerei, einst ein harter und gefährlicher Job, hat mit der heutigen Floßfahrt nicht mehr viel gemein, nur dass man auch heute danach ziemlich ausgepowert und erschöpft ist. Zudem reißen sich heute wesentlich mehr Menschen darum, allerdings in verzehrender, also hauptsächlich trinkender Weise, auf schwimmenden Blöchern mitzumachen. Zur Rettung des bayerischen Regenwaldes ist man dazu übergegangen, am Ziel der Reise die Stämme aus dem Wasser zu holen, zu verladen und wieder an den Ausgangspunkt zurückzubringen. Macht Sinn im Zeitalter von Bio: Schluss mit dem Einwegfloß.
Damit hat das Floß – wie sich das einst auch schon fast von der Bildfläche verschwundene Pferd wieder hochgerappelt hat und vom Nutztier zum Luxus- und Sportartikel mutierte – den Sprung von der negativ besetzten Schwerstarbeiterangelegenheit zum unverhohlenen, mit feuchtfröhlichen Schluckern besetzten Freizeitvergnügungsinstrument entwickelt.
Das Miniaturvolksfest zu Wasser, hauptsächlich von Wolfratshausen nach München, aber auch anderswo, auf der Rodach im Steigerwald, war schon 1964 beliebt, wie unsere antiken Bilder des Münchner HOT CLUB (Vereinszweck: Feiern) beweisen.

Isar Floßfahrt
Isar Floßfahrt

# Steinheben

Wie sich doch Gesichter gleichen, wenn Großes dabei herauskommen soll: Bayerns Stärkste versuchen sich an diesem Stein mit dem historischen Gewicht von 508 Pfund.
Der berühmteste Athlet aller bayerischen Zeiten war der Pasinger Wirtsmetzger Hans Steyrer (1849 – 1908). Er hat den über fünf Zentner schweren Stein nur mit dem rechten Mittelfinger bewegt.
Übertroffen wird das nur von dem leider unbekannten Klaviertransporteur, der, als er in der Wohnung stand und fragte, wo denn das Instrument sei, auf die überraschte Feststellung des Auftraggebers: »Sie haben ja bloß einen Arm!«, antwortete: »Wieso, haben Sie zwei Klaviere?«

BMS

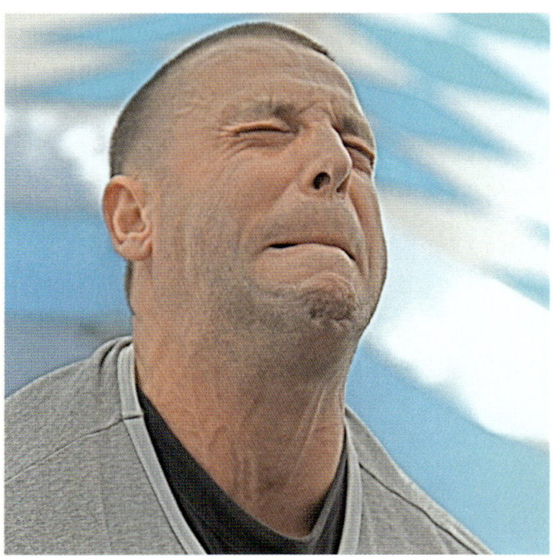

erima

BRAUEREI
SCHLOSSBERG
DACHAU

LEGAL POWER

Die großartige bayerische Volksschauspielerin Monika Baumgartner hat für diesen Typ Sportsmann den kaum zu toppenden Begriff »Pressbär« kreiert.

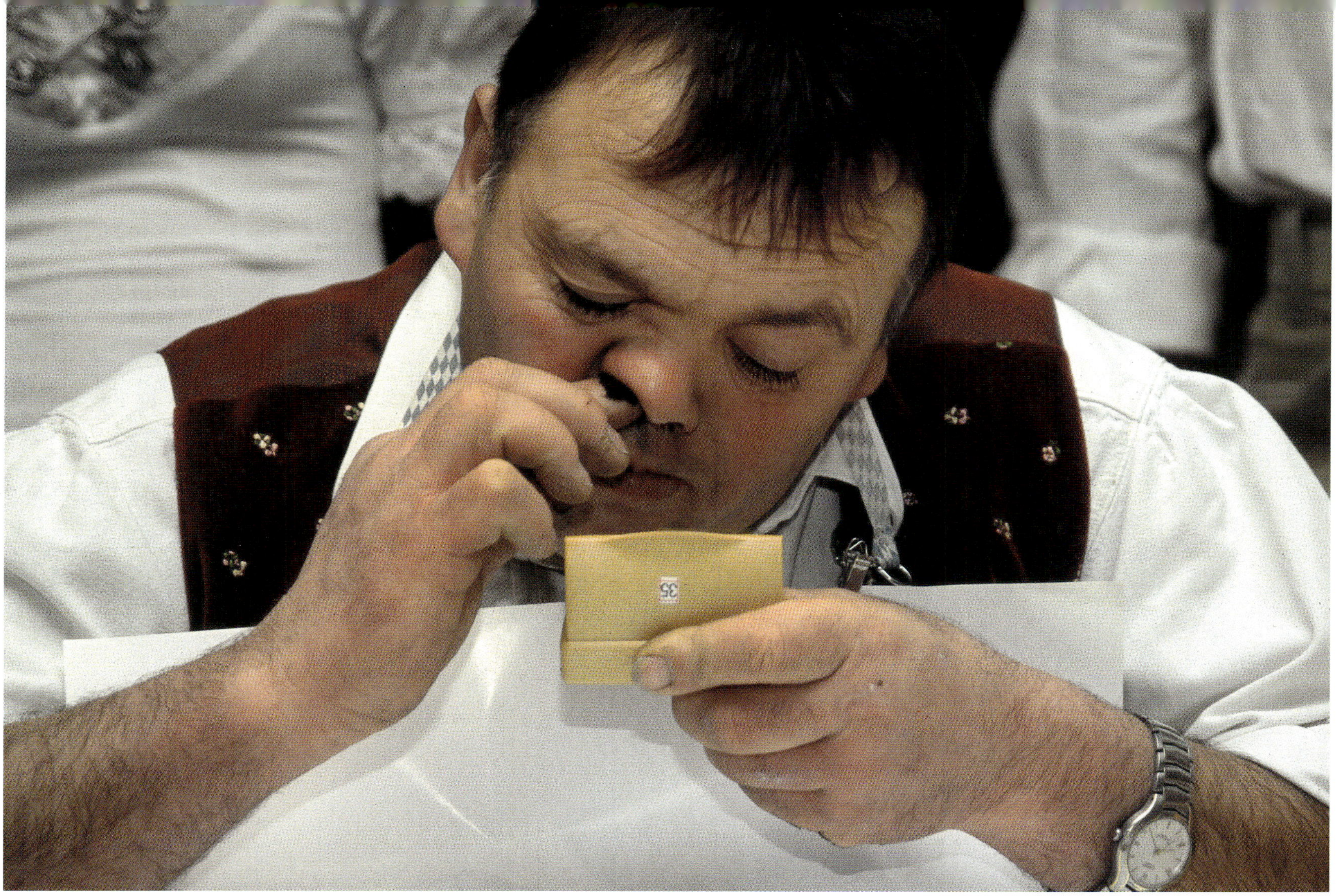

# Wir haben die Nase noch lange nicht voll.

Schnupfer-WM: Auf Kommando schnupft der Weltmeister, was das Zeug hält. Dann absolute Bewegungslosigkeit bei der Wertung, dass nichts herausfällt, denn das kostet Sauberkeitspunkte. Dann wird das, was sich außerhalb der Nasen befindet, in die zuvor geeichten Dosen zurückgegeben und präzisionsgewogen – jedes Zehntelgramm gibt Abzüge. Bei dieser WM kein Streifenschnupfen *(line-snuffing)*, weil man zu hohen Zulauf aus der Münchener Schickeria befürchtet. Legendäre Schnupfer: ein ansonsten völlig unbekannter Bayerwaldwirt, der einen Eierlöffel aus Silber für seinen mit einem zerschlagenem Bierglas zur Nasenreizung angereicherten *Schmai* hatte, und der bayerische Ex-Umweltminister Dick, CSU (Caesium Schnupfer Union). Er hat zum Beweis für die Harmlosigkeit von Radioaktivität einen Eisenbahnwaggon verstrahltes Milchpulver aus Tschernobyl *eigennäsig* weggeschnupft.

# Bartitur

Die präpotenten alten Römer nannten uns Germanen in der Weltbeherrschern eigenen Ignoranz (die wir heute bei ihren Epigonen, den US-Amerikanern, ähnlich vorfinden), bevorzugt Barbaren, was heißt: Bärtige.
Kam zum Glück nicht als Beleidigung an. Wie sollte es auch? Macht doch die Schönheit gewachsener Natur in Form der Bartbehaarung des Herren, in Verbindung mit häuslicher Hege und Pflege sowie der verhalten ausgetragene Stolz auf seine Manneszier, den Bärtigen zum allseits beliebten und aufs ehrlichste bewunderten Zeitgenossen, der, frei von jedweder Eitelkeit, der Umwelt sein nacktes Gesicht vorenthält. So vermeidet er Neid und Missgunst, womit er einen nicht unwesentlichen Beitrag zum sozialen Frieden leistet.
Und wenn er auch noch den Bart als Altruismuskommunikator einsetzt, dann ist der ehrlichen Bewunderung kaum ein Ende.
So beim Herren rechts in der Mitte, ein äußerst bemerkenswerter Fall von bekennender schnörkelloser Solidarität mit der Randgruppe der Weihnachtsschnitzer aus dem Erzgebirge.

# Zielgerichtet

Das sind die *Zimmerbixler* aus Hausberg, gstandene Schützen mit korrekter Hutetikette.
Es besteht das Schützenwesen aus dem Gebirgsschützen, aus dem gemeinen Schützen (möglichst zielgenau, wahlweise sogar mit Armbrust), dem mit dem massenautistischen Charakter, dem Böllerschützen (laut, synchron und oft) und dem mit der Fleischbeilage (laut und zielgenau, möglichst öfter), dem Jäger.
Fast eine halbe Million Mitglieder gibt es allein in Bayerns Schützenvereinen!
*Nächste Seite: Unter Geringachtung des eigenen Lebens geschossene (!) Aufnahme aus Sicht der Zielscheibe.*

# Tell

me please, sind das nicht eigentlich Schweizer, die mit der Armbrust. Dennoch hat Poldi, der Bayernadelige wieder einen gefunden, zu dem er bis dato noch nicht sagen konnte: *ausgezeichnet*. So sammelt er überall getreue Vasallen, für den Ernstfall, dass wieder irgendwo ein Rücken freizuhalten ist. Sein Vorfahre hat so den Kaiser in der Veroneser Klause mit der *Methode Hackl Schorsch* gerettet, zu einer Zeit als Bayern längst noch Nehmerland war, wodurch aber der bayerische Hochadel um die Wittelsbacher angereichert wurde.

# TOP SECRET (Geheim, an alle!)

Psssst, nicht so laut! Die hier vorliegenden Fotos sind höchst konspirativ: Aufgenommen auf einer versteckten, für die Allgemeinheit schwer zugänglichen Wiese bei Holzheim (Donau). So gut wie niemand hat eine Ahnung von der Existenz dieser brisanten, geheimen Bilddokumente, ausgenommen der kleine Kreis unmittelbar Beteiligter, also Offizielle, Aktive und vielleicht vereinzelte nächste Angehörige sowie eine Handvoll Kontrolleure der scheuen Hintermänner und Auftraggeber dieses eigenartigen Spektakels.

Als auffälligstes Phänomen an diesem dezent und präzise durchgezogenen Versuch des in Sachen Knall, Schmauch und Rauch perfekt abgegebenen Synchronböllers für mindestens 200 Handfeuerwaffen erweist sich das an sich so bayernuntypische Fehlen eines jeglichen Touristen. Heimlich still und leise tut's den großen Knall, und bevor es überhaupt jemand wahrnimmt, noch ehe sich der Rauch verzogen hat, ist das ganze Unternehmen längst wieder auf Achse, wahrscheinlich in den nächsten versteckten Winkel, immer auf der Suche nach dem ultimativen Bäng und damit der Klärung jener Sinnfrage, warum es in Bayern so viele Schützen gibt.

P.S.: Vereinzelte Gerüchte, es handele sich um ein großangelegtes Forschungsprojekt zur künstlichen Erzeugung von Tinnitus entbehren jeglicher Grundlage und seien hiermit ins Reich sensationslüsterner Spekulation verwiesen.

RESTAURANT
CAFE

Ritterhof
Restaurant
SPORT

# Bauer, Tier und Bayerin

Der gemeine Preuße, wenn er sich an der Erscheinung oder den Sprüchen eines witzigen Vertreters bajuwarischer Provenienz ergötzt, heißt ihn, noch während er dessen Vortrag anerkennungsvoll, amüsiert oder skeptisch aufnimmt, ein *Urviech*.
Bei näherer Betrachtung dieser liebevoll gemeinten Betitelung wird man gewahr, dass es dem Bayern zu eigen ist, sich seine Bilder und Gleichnisse bis hin zu Verhaltensweisen und deren Bezeichnungen mehrheitlich aus der Tierwelt zu holen. Diese Folge eines jahrhundertealten Regionalstatus als Agrargebiet hält sich hartnäckig, wenn auch oft nur unterbewusst, und wird auch jetzt, nachdem endlich in den bayerischen Wäldern der Laptop heimisch geworden ist, nicht verschwinden und findet seinen volkstümlichen Ausdruck in Benennungen wie *blöde Kuh* für Damen oder *Drecksau* für Herren.
Das am meisten schillernde Lebewesen aus dem bayerischen Charakterisierungszoo dürfte der Hund sein.
Heißt man jemanden *blöder Hund*, haben wir das Vorliegen einer lupenreinen Beleidigung zu verzeichnen, im diametralen Gegensatz zur Aussage »a Hund isser scho«. Das bedeutet nämlich höchste Anerkennung für einen durchtriebenen und gewieften Typ, dem man kein X für ein U vormachen kann, der raffiniert, egal ob negativ oder positiv, seine Interessen erfolgreich, schlimmstenfalls sogar auf Kosten anderer durchsetzt. Dabei verursacht er keinen punktuell wirkenden und dadurch schmerzhaften Schaden, eher erzielt er auf Grund einer geschickten und breit angelegten Aufteilung der Lasten sogar gefühlte Schadensfreiheit - was mehr dem Träger eines bayerischen »Pour le Mérite« für Schlitzohrigkeit entspricht!
Beim bayerischen Menschen kann man das nahe Verhältnis von Mensch und Tier anhand der einst so zahlreichen *Zamperl* (so nennt man in München die Dackel) feststellen.Inzwischen sind diese fast ganz ersetzt von unterschiedlichsten Exemplaren, vom *Senfhund* (da haben viele Hunde ihren Senf dazu gegeben) bis zur reinrassigen *Edeltöle* beziehungsweise *Kampfköter* oder *Nuttenbeserl* (wenn man diese kleinen Vibratorenvierbeiner mit der sich selbst einrollenden Hundeleine ruckartig zu sich zieht, macht das eine Kehrspur im Staub), die von der Aufrisshilfe bis zum Kinder- und Partnerersatz ihr Betätigungsfeld markiert haben.
Das Verhältnis zum Tier hat beim Bayern auf Grund seiner bäuerlichen Abstammung einen hohen Stellenwert. Ist doch das Haus- und Nutztier als produzierende Erzeugereinheit für den Agrarier ein umhegtes und gepflegtes Wesen, das immer möglichst gut behandelt werden muss, um modernsten Anforderungen zu entsprechen und damit in der Lage zu sein, immer mehr zu leisten. (Üblich in der bäuerlichen Erzeugerschlacht der Überflussgesellschaft: Es werden nicht die Preise, sondern die Mengen erhöht.) Allein das Schmücken der Kühe, so beim Almabtrieb zu beobachten, eine Ausprägung landwirtschaftlicher Vergangenheit, zeugt von hoher Wertschätzung der Tiere.
Es taucht aber in diesem Werk – und das fiel uns auf bei der Sichtung des Materials – ein erstaunliches Phänomen auf: Es gibt auffallend wenig Frauen, die in diese Spielarten des extrem Bayerischen involviert sind beziehungsweise sein wollen.
Man betrachte als Erstes die traditionelle Geschlechtermischung Volkstanz: Die Damen wirken dabei eher wie Staffage für krachlederne Selbstdarstellungsmachos. Auf Feuerwehrfesten schenken meist nur Feuerwehrleute (männlich) aus und bedienen hemdsärmelig in der Feierfeuerwehruniform. Und da der Sportverein auf dem Land in der Regel nur aus der Sparte Fußball besteht, läuft's da mit den Frauen analog zur Feuerwehr. Und wenn es mal

einen Frauenverein gibt, etwa die Landfrauen um die Ortsbäuerin, dann fällt es nicht auf, weil deren Veranstaltungen eher konspirativ im Verborgenen stattfinden (man nennt es auch *d'Leut ausrichten*) oder fern der Heimat, im Omnibus, auf der alljährlichen Ausflugsfahrt zu den 1000 Kötztinger Reitern. Das sind aber schon wieder nur Männer, Hengste, und keine Frauen, außer Stuten.

Alles wirkt ein bisschen so, als wären seinerzeit die Türken vor Wien nicht gestoppt worden.

Die Art, wie Tiere behandelt werden, kann aus der bäuerlichen Grundhaltung gegenüber dem Vieh erklärt werden. Vielleicht ist eine ähnliche Untersuchung dieser Erbmasse, bezogen auf die bayerische Frau, geeignet, sich über ihr Erscheinungsbild und Verhalten klar zu werden. Wie viel aus der Zeit vor Alice Schwarzers *kleinem Unterschied* ist im Bayern verankert, wie wirkt sich die bäuerliche Verwurzelung im Jetzt aus? Entsteht doch alles *ex ovo agriculturae*, aus dem Ei der Landwirtschaft. Welcher Paradigmenwechsel der feministischen Art steht noch aus?

Und somit zum Thema *Bauer sucht Frau*. Da gibt es ihn noch, den Typ Landmann, der nur schwer eine findet. Altwählerische Knaben, denen man schon von Weitem anmerkt, welch Geistes Kind sie sind: genetisch bedingte uralte Machos, also sture junge Klötze mit voll verinnerlichtem, sauber herausgemendeltem, bäuerlichem Herrschaftsprinzip, denen sich auf dem Hofe alles unterzuordnen hat, von der Leitkuh bis zu Ehefrau. Solche, die die Alte noch am liebsten vor den Pflug spannen würden, um den Bulldog zu schonen. Diese Vorgehensweise gegen die Frauen hat der Industriestaat vom Agrarstaat übernommen: Man nennt sie Leichtlohngruppen.

Für Bayerin und Bäuerin gilt gleichermaßen: Hauptaufgabenbereich ist zunächst die Verpflegung und die Sorge um Bauer und Gesinde (heute oft: Kinder). Das Gesinde ist inzwischen durch zahlreiche Agrarinstrumente ersetzt und somit als Maschinenpark der Domäne des Mannes zugehörig, um die Kollision Frau & Technik zu vermeiden – und für die Frau wieder ein Grund weniger zum Verlassen der Scholle, so dass sie überall mit zupacken kann, im Stall und auf dem Feld, wo Not an Mann beziehungsweise Frau. Zweckemanzipation!

Vornehmste Aufgabe: das Kinderkriegen. Beim Bauern geht's um den dynastischen Erhalt der Scholle. Aber auch der moderne Mensch aus der Zweikindfamilie unserer Städte denkt ähnlich und will für seine private Adelssehnsucht den Stammhalter.

Aber all diese Funktionen brauchen bis heute keine Öffentlichkeit , finden zu Hause statt, wobei das Feld, das die Bäuerin mitbestellt, als Outdoorversion des heimischen Herdes gilt, getreu dem Schlagwort: Kinder, Küche, Keller und Kartoffelacker.

Oft wird die Frau in der Familie nur als Nebengeräusch für innere Angelegenheiten wahrgenommen, im Gegensatz zum Außenamt wie Spiel und Sport, und das erledigt nur einer, der Bauer selbst, der Mann höchstpersönlich.

Bleiben bloß die kleinen Fluchten.

Meine Damen, werden Sie extrem, dass es Ihnen nicht so ergehen muss wie der kinderreichen Bayerischer-Wald-Bäuerin aus meinen Jugendtagen, von der aus dem Wochenbett folgender Satz erhalten ist: »Das Entbinden ist mir lieber als das Saustallausmisten.«

# Auf dem Cow-Walk

Nach zwölf Wochen Alm werden die Kühe als Belohnung für Enthaltsamkeit auf notorisch sündenfreier Alm feinstens geschmückt auf den Laufsteg geschickt und danach sofort wieder aus dem Verkehr gezogen. Ab in den Stall, wo das für die Fortpflanzung Nötige zweckdienlich, weitab von einem Zurück-zur-Natur-Gedanken, pragmatisch von Besamungstechnikern erledigt wird, auf dass die Kuhäugigen unbehelligt weiter ihre Aufgabe erfüllen als Leihmütter des bäuerlichen Ertrages.
Und das ist hier am malerischen Königssee nicht anders als sonst wo.

REIS
pro Liter Milch

1909–2009

Hotel Schiffmeister

Mittenwald

# Ochsenrennen

Münsing am Starnberger See

MIT LAGERHAUS
GRAF
HOLZER

# Viehmarkt

Pferdemarkt in München, Handschlagqualität

Herrenchiemsee

# Die ewigen Jagdgründe

Als *arbiter elegantiarium*, also feiner und geschmacksicherer Stilbildner, geht der moosgrün müffelnde Hubertusjünger, seines Zeichens Waldmeister des Tötens, spätestens wegen seines schaurigen Streckenwesens und Trophäenwahns nicht durch.

Wie besessen er auch dem Wild nach der *Decke* trachtet, er reklamiert für sich Respekt vor der wehrlosen Kreatur, kratzt dafür spezielle Worte von einer reichhaltigen semantischen Palette edlen Jägerjargons, vom *Aufbrechen* bis zum *Waidloch*, und will damit sein Jagdvergnügen (!) verbrämen, das er im hinterhältigen Ausschießen der Lichter von Tieren findet.

Die vom Christentum propagierte Auferstehung des Fleisches ist dem Jäger, diesem Trophäenmessie, nicht zu wünschen, weil er darauf gefasst sein müsste, dass beim Jüngsten Gericht Milliarden von Nebenklägern aus dem Bereich der Fauna, mit blutdurchtränkten Kopfverbänden, im himmlischen Gerichtssaal stehen und ihn schwer belasten mit stummem Halali.

# Angeln Kochelsee

Wirklich wunderschön da draußen in der Flut, aber es gibt nur eines, was langweiliger ist als Angeln – beim Angeln zuschauen.

Hornschlittenrennen in Garmisch-Partenkirchen

# Tierische Tanzstunde

Pfoten auf die Schulter, Drehung mit doppeltem Wiegeschritt, Wedeln im Dreivierteltakt, Kopf hoch und Ohren auf – die tanzenden Hunde der dog-dancing Queen Mica Köppel zeigen beim jährlichen Hundefestival im Schlosspark Greifenberg am Ammersee, was sie können.
Informative Vorträge vertiefen das Verständnis zwischen Mensch und Hund.

*Dass mir das Tier viel lieber sei,*
*Sagst du, o Mensch, sei Sünde.*
*Der Hund blieb mir im Sturme treu,*
*Der Mensch nicht mal im Winde!*

Nächste Doppelseite:
Mops im Anzug. Punkte machen dick? Schwarz macht schlank? Rosa wirkt albern? Unsinn! Ein Mops kann alles tragen.

Rottach-Egern / Tegernsee

# Lache Bayazzo

Bedingt durch seine notorische Geworfenheit ins Identifikationsproblematische offenbart sich der gewöhnliche bayerische Mensch eo ipso als humoristisch, nach innen wie nach außen – so würde vielleicht eine wissenschaftliche Studie über den Humor des Bayern, treffend aber schwerstverständlich, resümieren.

Wenn wir am Schluss dieses Bildbandes das extreme Erschaute einer Bewertung zuführen sollten, so kämen wir nicht umhin festzustellen, dass dieses Volk, wenn es locker drauf ist, mit einer gehörigen Prise Humor, zumindest in Sachen Schadenfreude, gesegnet ist. Präzisiert bedeutet dies, dass die Freistaatsnation zwar über das, was anderen passiert, durchaus herzlich und ausgiebig lachen kann – so zu beobachten, wenn beispielsweise beim Sautrogschwimmen der Trog kippt –, aber wehe, es lächelt einer, und sei es nur mit einem klitzekleinen Gran an verachtender Überheblichkeit über den Lachenden, dann kann es schon passieren, dass die Formel der Lösung dieses Problems lautet: Spott an – dann Licht aus!

Mein Onkel berichtete aus Deutschlands hoher Zeit der Ostfriesenwitze: Fernfahrerkneipe. Ein Tisch voller *Landstraßenkapitäne* (witzig für Fernfahrer), an dem der bayerische Vertreter dieser Zunft auf Kosten eines Wilhelmshavener Berufskollegen einen *Ossiwitz* (damals witzig für Ostfriesenwitz – vermochte doch noch niemand an den fatalen Bedeutungswandel zu denken, den dieser Begriff, – eine Art Wiedervereinigung, auch für Diskriminierte, – nehmen sollte) nach dem anderen zum Besten gab, honoriert vom brüllendem Gelächter der Tischgesellschaft. Nach Stunden gelang es dem kleinen Ostfriesen, eine Nachdenkpause des wortführenden Bayern nützend, die Frage an die Runde zu stellen, ob man denn wüsste, dass es bald das größte Irrenhaus der Welt geben würde. Auf eine erstaunte fragende Ruhe hin fuhr *Hein* (witzig für Ostfriese) wörtlich fort: »Ja, Bayern wird überdacht.« Und bekam vom *Seppl* (witzig für Bayer) postwendend a *Fotz'n* (witzig für Maulschelle, hochdtsch. Ohrfeige, vulgo Watsch'n).

Als mildernder Umstand mag gelten, dass vor den Ostfriesen die Bayern sehr lange die Ostfriesen waren. Resultat einer allgemeinen Rückständigkeitsunterstellung des Südstaatlers, bedingt durch uniformes Auftretens, einer Trachtensekte gleichend, und ein zu lautes Hochhalten des weiß-blauen Rautenbanners. Das basierte zwar auf jener elitär verbreiteten und egozentrisch bei sich vermuteten Aura einer raren Einzigartigkeit, stand aber im krassen Gegensatz zum scheuen Fremdeln, das der Bayer in ungewohnter Umgebung so verschämt an den Tag legt.

Eine andere äußere Ursache findet man in der Pubertätszeit des deutschen Tonfilms der 30er (Ufa), der 50er (Heimat) und 60er Jahre (Heimat und Sex). Was da aus der Dunkelheit hinterschattiger Gebirgstäler und aus den Bauernbretteln rund um den Tegernsee als knallkrachlederner Humorismus, mit dem Etikett *bayerisch*, von effekthascherischen Produzenten preußischer und bayrischer Filmlustspiele rekrutiert worden war, erwies sich – dank hemmungslos polternder Komikerchargen wie Beppo Brem und anderer Dialektknatterer – als in höchstem Maße rufschädigend für das ganze Volk. Ein Gebaren, das uns über Generationen hinaus bis heute als Volldeppen abstempelt, als hätte es einen Karl Valentin nie gegeben.

Extremfolkloristische Redaktoren setzen diese Tradition mit »Dahoam is Dahoam« im Bayerischen Rundfunk fort, wobei alle Gesichtsverleiher vom

Thüringer bis Hannoveraner auf bavaroid geklont werden, um so den Eindruck zu vermitteln, dieser Abklatsch eines dörflichen Lebens im Groschenromanformat stelle das wahre Bayern dar. In Zeiten der Globalisierung hält der Mensch das Flackern der Soap für warmes Licht, obwohl in Wirklichkeit die Mienen der Mimen in ungenierter *Tümelei* bestrahlt werden durch eiskaltes Neon.
Dabei trifft man in ganz Bayern echte Originale. Allerorts bringt die Dorfjugend brillante Komiker hervor, die alle Alten im Dorf perfekt parodieren. Überall existiert die Liebe zum Bauerntheater, die immer wieder neben höchstbegabten Laien wunderbare Volksschauspieler hervorbringt, die, wenn einfühlsam geführt, ihre ganze Pracht entfalten.

Helmut Fischer / Uschi Glas

Ich denke hier unter anderem an Gustl Bayrhammer, Helmut Fischer und Walter Sedlmayer, die im Dialekt den Humor, das Komödiantisch-Dramatische und damit das ganze Land aufs Feinste salonfähig gemacht haben. Der Bayerische Rundfunk hatte damals, mit ausnahmsweise wachem Blick, Leute wie Helmut Dietl oder Franz Xaver Bogner entdeckt, und es entstanden auf höchstem komödiantischen Niveau die Unterhaltungshighlights wie *Münchner G'schichten* und *Irgendwie & Sowieso,* erschöpfende Opera bayerischer Befindlichkeiten in Stadt und Land.
Zwei Drittel haben einst hierzulande CSU gewählt und sich trotzdem gefreut, wenn die zahlreichen bayerischen Kabarettisten (Druck erzeugt Gegendruck) den Mächtigen ans Bein pinkelten. Passau zum Beispiel hat sich durch das anfangs als extremistisch und nestbeschmutzend aufgenommene Kabarett eines Siegfried Zimmerschied vom schwarzen Loch der Repression mit Bistumsblatt und Passauer Neue Presse zu einer liberalen und weltoffenen Stadt entwickelt, zur Hochburg des Kabaretts mit Auswirkungen auf den ganzen Freistaat.
Als in Bayern Satire noch gefürchtet war – keiner weiß, warum eigentlich –, haben hochrangige Vertreter der offiziellen Landessendeanstalt mittels Abschalten in vorauseilendem Gehorsam wahre Volkshelden des Kabaretts, wie zum Beispiel Gerhard Polt, erst richtig berühmt gemacht. Heute ist dieser Sender einer der wenigen, in denen konsequent das Kabarett hochgehalten wird, wodurch die ganze Welt weiß, dass ganz Bayern voller herrlicher Kabarettisten und Komiker ist, und zudem gibt's, wie dieses Werk beweist, auch noch Roger Fritz, diesen wunderbaren Fotografen, der, wie im vorliegenden Band ersichtlich, über Jahre das Grenzwertige im Bayernland erkannt und gebannt und damit anspruchsvoll das Extreme sinnlich gemacht hat.
Vielleicht versteht man jetzt den Bayern besser, weil man weiß, dass es ihm in der Hauptsache um die *Gaudi und 's Gfui* (bairisch für freudigen Jux und Gefühl) geht, also auch um den Humor, was ja zunächst ganz sympathisch und sehr lustig ist.
Aber trotzdem, Vorsicht: Ihren Größten, den Karl Valentin, haben sie nach dem Krieg schlichtweg verhungern lassen. Extrem bayrisch!

# Dr. Albert Bichler:
# VOM URSPRUNG UND SINN UNSERER BRÄUCHE

**Sendlinger Mordweihnacht**
Das ist die Bezeichnung für eine blutige Auseinandersetzung im heutigen Stadtteil Sendling. Die Unterdrückung der bayerischen Bauern durch die kaiserlichen Truppen des Habsburger Kaisers Joseph I. führten zu einem erbittert geführten Aufstand. Er nahm seinen Anfang im bayerischen Oberland und endete in einem fürchterlichen Gemetzel am 25.Dezember 1705 vor den Toren Münchens. An die Sendlinger Mordweihnacht, bei der über 1110 Bauern den Tod fanden, wird bis heute alljährlich in einer Feier erinnert.

**Bayerische Gebirgsschützen**
Das sind besondere bayerische Schützenvereinigungen, die sich als Kompanien bezeichnen. Ihre Geschichte reicht bis in Mittelalter zurück, im Dreißigjährigen Krieg kämpften sie mit bei der Verteidigung des Oberlandes gegen die schwedischen Truppen, 1705 in der Sendlinger Morweihnacht gegen das kaiserliche Österreich. 1951 kam es zur Gründung des Bundes der Bayerischen Gebirgsschützen-Kompanien. Sie verstehen sich heute als Verteidiger der christlichen bayerischen Volkskultur, was sie durch Paradedienste und Ehrenbegleitung bei Fronleichnamsprozessionen sowie bei ihrem jährlichen Patronatstag zu Ehren ihrer Patronin, der Muttergottes, der »Patrona Bavariae«, eindrucksvoll in ihren traditionellen Trachten demonstrieren.

**Passionsspiele**
Im 17.Jahrhundert, in der Zeit der Gegenreformation, entstanden an vielen Orten in Bayern Passionsspiele, in denen das Leiden und Sterben Christi szenisch nachvollzogen wurde. Am bekanntesten sind bis heute die Spiele in Oberammergau, die auf ein Pestgelübde im Jahre 1633 zurück gehen. Im Jahre 1770 kam es von staatlicher Seite zu einem Verbot, das aber weithin ignoriert wurde. Nach einigen Unterbrechungen lebte die Spieltradition im 19.Jahrhundert in Altbayern, Schwaben und Tirol wieder auf.

**Fasching**
Die närrische Zeit heißt in Bayern nicht Karneval, sondern Fasching. Sie dauert von Dreikönig bis zum Aschermittwoch. Der Ursprung des Faschings geht u.a. auf die römischen Saturnalien zurück, die zu Ehren des Fruchtbarkeitsgottes Saturn gefeiert wurden. Dabei waren alle Standesunterschiede aufgehoben.
Die Kirche stand der närrischen Zeit wegen vielfacher Auswüchse stets kritisch gegenüber. Trotzdem hat der Fasching auch aus kirchlicher Sicht einen Sinn: Er verkörpert die »verrückte« Welt, eine Welt, ohne die göttliche Ordnung. Das erklärt auch, dass sich die katholische Kirche immer für die Beibehaltung der närrischen Zeit einsetzte.
Bis ins 19. Jahrhundert war der Fasching ausschließlich eine Sache der Männer. Das schwache Geschlecht war von dem närrischen Treiben ausgeschlossen. Deshalb kam es immer wieder vor, dass sie sich als Männer verkleideten. Seit dem 15.Jahrhundert schlossen sie sich zu »Weiberzechen« zusammen, die von der Obrigkeit geduldet wurden. Hier hat auch die »Weiberfasnacht« am Unsinnigen Donnerstag ihren Ursprung.

**Oktoberfest**
Das Münchner Oktoberfest ist das größte und auch bekannteste Volksfest der Welt. Sein Anlass war eine königliche Hochzeit. Es war die Vermählung des bayerischen Kronprinzen Ludwig, des späteren Königs Ludwig, I. mit der Prinzessin Therese von Sachsen-Hildburghausen am 12.Oktober 1810. Das Hochzeitsfest wurde überaus prunkvoll gefeiert und dauerte fünf Tage. Es sollte eine Ovation an das Herrscherhaus des jungen Königshauses sein und den Charakter eines »Nationalfestes« erhalten, in dem die Einheit der Stämme Altbayern, Schwaben, Franken und Pfälzer demonstriert wurde.
Der Höhepunkt der Festlichkeiten sollte ein Volksfest mit Pferderennen sein, das auf einer großen Wiese bei der Schwanthalerhöh, am Rande der Residenzstadt, abgehalten wurde. Da das Volksfest bei den Münchnern und beim Landvolk einen unerwartet großen Anklang fand, durfte es durch königlichen Erlass in den folgenden Jahren wiederholt werden. Schon bald bürgerte sich ein, dass jede Münchner Brauerei auf der »Theresienwiese«, wie der Festplatz nach der jungen Königin benannt wurde, mit einem Bierausschank vertreten. Im Jahre 1871 wurde eine spezielle Biersorte kreiert, das bis heute beliebte Märzenbier. Der Wiesnwirt Schottenhamel verlangte damals für eine Maß Oktoberfestbier 12 Kreuzer.

**Maibaum**
Über den Ursprung des Brauches ist man sich bis heute nicht einig. Wahrscheinlich geht der grüne Baum auf eine Baum- und Waldverehrung in germanischer Zeit zurück. Volkskundler sehen in ihm eine Vergrößerung der Lebensrute und damit ein Sinnbild der Fruchtbarkeit und des Segens.
Nicht genau festlegen lässt sich, wann der Maibaumbrauch bei uns heimisch wurde. Aus dem 13.Jahrhundert gibt es erste Hinweise auf grüne Zweige zum Maianfang. In einem Bild des Malers Hans Donauer aus dem Jahr 1585 findet sich erstmals ein Maibaum mit grünem Wipfel und Figuren. 1767 malte der Hofmaler Peter Jakob Horemans für die Residenz in München ein Bild mit einem Figurenmaibaum.
Im ausgehenden 18.Jahrhundert entwickelte sich der Maibaum zu einem Symbol des neuen bayerischen Staats- und Selbstbewusstseins. Die nunmehr freien Gemeinden sahen in ihm ein Zeichen ihrer erlangten bürgerlichen Selbstständigkeit. Im Dritten Reich wurde der Brauch von der Nazi-Ideologie vereinnahmt: Adolf Hitler ließ 1934 in Berlin »den größten Maibaum der Welt« errichten.
Der Maibaum ist bis heute ein sichtbarer Ausdruck des Zusammenhaltes und des Wohlstandes einer Gemeinde. Regional unterschiedlich wird er entweder für die Dauer des Monats Mai oder für ein oder mehrere Jahre aufgestellt. Von Gegend zu Gegend hat er ein anderes Aussehen: Er wird sowohl mit der Rinde errichtet als auch, vor allem in Oberbayern, geschält und weißblau gestrichen. An vielen Orten wird er mit den Emblemen der örtlichen Handwerker geschmückt. In jedem Fall ist der Maibaum der Stolz und die Zierde einer Gemeinde. Sein Aufstellen ist immer ein Fest für Jung und Alt.

**Almabtrieb**
Zum Almleben gehört traditionell der meist feierliche Abtrieb. Er findet um Michaeli (30.September) statt und beendet die etwa zwölf Monate dauernde Almzeit. Wenn der Almsommer glücklich verlaufen ist, wenn keinem Tier etwas zugestoßen ist und in der Familie des Bauern kein Unglück war, ist der Almabtrieb ein Tag der Freude und des Dankes. Nach altem Brauch wird das Vieh »aufgekranzt«, es erhält einen Kopfschmuck mit Kranzen aus Tannengrün und Alpenblumen, mit allerlei bunten Bändern, Flitter und Spiegeln. In den bayerischen und Salzburger Bergen erhalten mehrere Kühe einen Kopfschmuck, im Allgäu nur die Leitkuh.
Zum Schmuck der Tiere gehören auch die Glocken, die an einem breiten Lederriemen am Halse hängen. Gewöhnlich tragen nur die schönsten und größten Tiere Glocken. Dabei wird unterschieden zwischen den großen schweren Glocken und den kleinen, so genannten »Singerinnen«, die besonders wertvoll sind. Nach altem Volksglauben sollten mit dem Geläut der Glocken feindliche Dämonen abgewehrt werden, die die Tiere auf ihrem Weg ins Tal bedrohten. Eine ähnliche Funktion erfüllen die Spiegel und dunkle linnene Kopflarven, die dem Vieh übergespült werden.
Im Allgäu heißt der Almabtrieb »Viehscheid«. Hier sind einem Senn auf einer Genossenschaftsalpe die Tiere von vielen Bauern anvertraut. Kommt der Senn unten im Tal an, werden die Tiere getrennt und den jeweiligen Besitzern übergeben. Viehscheide gibt es z.B. in Pfronten, Hindelang, Oberstdorf und Oberstaufen.
Almabtriebe haben in den letzter Zeit Volksfestcharakter angenommen und sind zu einem

Spektakel geworden, das in den Fremdenverkehrsorten Tausende von Schaulustigen anlockt.

**Kirtahutschn**
Das Kirchweihfest ist ein Höhepunkt im Bayernjahr. Es fällt immer auf den dritten Oktobersonntag und wird im ganzen Land gefeiert. Man spricht von der »Allerweltskirchweih«. Im Fränkischen und in der Oberpfalz gibt es bis heute keine einheitlichen Kirchweihtermine, Hier feiert man Kirchweih vom Sommer bis in den November hinein die Ortskirchweih.
Mit der Feier der Kirchweih sind bis heute viele Bräuche verbunden. Zur Feier des Tages gehören besondere kulinarische Köstlichkeiten, auf den Tisch kommen Gans- und Entenbraten und die beliebten »Ausgezogenen«, die »Küchln«. An vielen Orten finden Kirchweihmärkte statt mit Ständen und Buden rund um die Kirche. Märkte gibt es z.B. noch in München am Mariahilfplatz, in Freilassing, Eggenfelden und Wolfratshausen.
Die Jugend freut sich auf den Kirchweihtanz, zu dem auf dem Land da und dort noch die alten Tänze wie Rheinländer und Dreher, Polka und Walzer sowie Figurentänze gehören. Und dabei kommen auch die schönen Trachten zu Ehren, die nichts gemein haben mit der Pseudo-Oktoberfesttracht, angefertigt in Fernost, Ein lange vergessener Brauch findet neuerdings wieder sehr viel Interesse. Es ist die Kirtahutschn. Dabei wird unter dem Scheunendach oder in einer Tenne eines Bauernhofes ein großer Balken mit Ketten aufgehängt, auf dem sich die jungen Leute platzieren. Auf jedem Ende des Brettes steht ein Bursche und bringt die Schaukel in Schwung, zur Freude vor allem der Mädchen. Die Kirchweihhutschn war schon immer ein beliebter Treffpunkt der Jugend, und so manche Liebe nahm hier ihren Anfang.

**Leonhardiritt**
Der hl. Leonhard steht bei den Bauern in hohen Ehren, man hat ihm sogar den Beinamen »Bayerischer Herrgott« gegeben. Und darin drückt sich schon die Hochachtung aus, die diesem Heiligen zuteil wird, der im 6.Jahrhundert in Frankreich lebte. Er war lange der Patron der Gefangenen, die Bauern sehen ihn ihm aber schon seit Jahrhunderten den Schutzpatron des Viehs. Wahrscheinlich wurde die Gefangenenkette als Viehkette gedeutet. Zum Dank für erlangte Hilfe und im Vertrauen zu St. Leonhard brachten die Gläubigen früher Unmengen von Opfergaben aus Eisen, Hufeisen, Schellen, Pflugscharen und vor allem Ketten zu seinen Kirchen. Diese Votivgaben wurden an den Außen- und Innenwänden aufgehängt oder auch im Boden vergraben. Ihre Anliegen haben die Bauern auch in Votivbildern festhalten lassen, die in vielen Kirchen und Museen zu finden sind.
Die große Wertschätzung des Heiligen mit der Kette als Patron des Viehs zeigt sich bis heute in Pferderitten, die alljährlich zu Leonhardikirchen und -kapellen abgehalten werden. Im oberbayerischen Kreuth lässt sich dieser Brauch bis zum Jahr 1442 zurückverfolgen. Nach dem großen Pferdesterben in den siebziger Jahren des 20.Jahrhunderts erfreuen sich auch die Leonhardiritte wieder großer Beliebtheit. Ritte finden statt z.B. in Inchenhofen bei Aichach, Benediktbeuern, Kreuth, Fischhausen am Schliersee, Nussdorf, Fürstenfeldbruck und St. Coloman bei Schwangau. Am größten und bekanntesten ist die Leonhardifahrt in Bad Tölz. Ein besonderer Blickfang sind hier die schönen »Truhenwagen«. Das sind alte, mit religiösen Motiven bemalte, Eisen bereifte Holzwagen, in denen Mädchen und Frauen in der Oberländer Tracht, aber auch Ministranten in ihren weißen Röcken Platz nehmen. Die Wagen sind mit grünen Girlanden, bunten Bändern und Blumen für den Festtag geschmückt. Die Männer reiten entweder im Zug mit oder haben alle Hände voll zu tun, die Pferde durch die engen, oft abschüssigen Straßen zu führen und die Wagen zu bremsen. So wird beim Leonhardiritt eben alles aufgeboten, was zur Festlichkeit beiträgt.

**Kötztinger Pfingstritt**
Echtes bayerische Brauchtum kann erleben, wer zu Pfingsten nach Kötzting im Bayerischen Wald kommt. Hier findet alljährlich am Pfingstmontag der traditionelle Pfingstritt statt. An der Spitze des langen Zuges reitet der Kreuzträger, gefolgt von Fanfarenbläsern und einem Priester, ebenfalls hoch zu Ross. In Steinbühl, wenige Kilometer von Kötzting entfernt, angekommen, begeben sich die Reiter in die kleine Kirche, wo sie nach dem Gottesdienst zusammen mit ihren Pferden den kirchlichen Segen erhalten.
Der Kötztinger Pfingstritt ist das größte Brauchtumsfest in Ostbayern und geht der Legende nach auf ein Geschehen im Jahre 1412 zurück. Damals wurde der Kötztinger Pfarrer nachts zu einem schwer kranken Bauern nach Steinbühl gerufen, um ihm die Sterbesakramente zu bringen. Wegen der Dunkelheit und der allgemeinen Unsicherheit ließ sich der Geistliche von jungen Männern begleiten. Auf dem Rückweg wurde er aber von Räubern überfallen, denen er nur mit Not entkam. Zum Dank für seine Errettung gelobte der Pfarrer ein alljährliche Pfingstwallfahrt nach Steinbühl, die später in einen Ritt umgewandelt wurde.

**Altötting – das Herz Bayerns**
Dort, wo im 8.Jahrhundert eine karolingische Königspfalz stand, wurde auch eine Kirche erbaut, die die Vorgängerkirche der heutigen Wallfahrtskapelle in Altötting ist. Die Anfänge der heutigen Wallfahrt reichen bis ins 13. Jahrhndert zurück. Der Legende nach wurde »ein dreijähriges Knäblein« auf die Anrufung der Muttergottes vor dem Ertrinken gerettet, was einen Zulauf an Betern zum heutigen Marienbild auslöste. In der Zeit der Gegenreformation wurde die Wallfahrt durch die Wittelsbacher, besonders Herzog Wilhelm V. und Kurfürst Maximilian I., sehr gefördert. Das Zentrum der Gnadenkapelle ist das bekleidete Marienbild, im Volksmund als »Schwarze Madonna« beliebt und verehrt. Die dunklen Wände der kleinen Kapelle in der Form eines Oktogons sind mit kostbaren Opfergaben dicht besetzt. In den Wandnischen stehen die Herzurnen des bayerischen Herzogshauses; rechts vom Gnadenaltar ist die Silberstatue des knienden bayerischen Kronprinzen Max Joseph.
Altötting ist heute der größte und bekannteste Gnadenort Bayerns. Der Höhepunkt sind alljährlich die Wochen vor und nach Pfingsten. Das ganze Jahr über kommen gläubige Menschen mit ihren Gebetsanliegen nach Altötting. Die größte Fußwallfahrt bewegt sich alljährlich von Regensburg zum Gnadenort.

**Wallfahrt auf den Bogenberg**
Auf dem Bogenberg, nordöstlich von Straubing gelegen, war im Mittelalter die Stammburg der Grafen von Bogen. In der Burgkapelle wurde seit 1104 ein steinernes Marienbild verehrt. Das kleine Bild zeigt »die Muttergottes in der Hoffnung«.
Die Wallfahrtskirche auf dem Bogenberg, einem der ältesten Gnadenorte in Bayern, ist bis heute das Ziel vieler Wallfahrer. Der Höhepunkt ist alljährlich am Pfingstsonntag die Kerzenwallfahrt der Pilger aus Holzkirchen, einem kleinen Dorf bei Vilshofen. Sie machen sich mit einer 12,50 m langen und knapp ein Zentner schweren »Kerze« auf den 75 km langen Weg zum Bogenberg. Bei der Kerze handelt es sich um eine spiralförmig umwickelte Holzstange. Insgesamt sind die Wallfahrer zwei Tage unterwegs. Das ungewöhnliche Kerzenopfer geht auf ein Gelübde zurück, das die Holzkirchner im 15.Jahrhundert bei einer furchtbaren Borkenkäferplage machten.
Wenn am Pfingstsonntag die Wallfahrer auf dem Bogener Stadtplatz eintreffen, wird die Votivkerze gesegnet. Dann wird die »lange Stang« aufgerichtet und im Laufschritt zum Wallfahrtsheiligtum hinaufgetragen, was von den Trägern keine geringe Muskelkraft und Balancierkunst erfordert. Oben angekommen, wird die lange Stang in der Kirche am Chorbogen aufgestellt. Die Kerze vom letzten Jahr wird dann nach altem Brauch in kleine Scheiben zerschnitten, die die Wallfahrer als Mitbingsel und Glücksbringer mit nach Hause nehmen.

**Mehr Informationen zu bayerischem Brauchtum finden Sie in:**

**VERLAG BERG&TAL**
192 Seiten, vierfarbig
ISBN 978-3-939499-04-6

Dieses Buch gibt einen fundierten Überblick über das Brauchtum, das in Bayern nach wie vor lebendig ist und daher auch intensiv gepflegt wird. Im Jahreslauf werden alle wichtigen bayerischen Feste und Bräuche, ihr Ursprung und Sinn, ihre Geschichte und Formen vorgestellt.

**Albert Bichler, Dr. phil.**
1935 in München geboren, war Schulleiter und Lehrbeauftragter an der Universität München. Er ist Autor zahlreicher volkskundlicher Veröffentlichungen und Mitarbeiter des Bayerischen Rundfunks. Im »Münchner Merkur« erscheint regelmäßig seine Brauchtumskolumne. Er ist Träger des Bundesverdienstkreuzes am Bande für seine Bemühungen um die Brauchtumspflege und wurde mit dem Walter-Kolbenhoff-Preis der Stadt Germering ausgezeichnet.

# Impressum

© 2010 by Südwest Verlag, einem Unternehmen der Verlagsgruppe Random House GmbH,
81637 München

Nachdruck – auch auszugsweise – nur mit Genehmigung des Verlages.

Sämtliche Bilder und Texte dieses Werks sind urheberrechtlich geschützt.

**Hinweis**
Die Ratschläge in diesem Buch sind von den Autoren und dem Verlag sorgfältig erwogen und geprüft, dennoch kann keine Garantie übernommen werden. Eine Haftung der Autoren bzw. des Verlages und seiner Beauftragten für Personen-, Sach- und Vermögensschäden ist ausgeschlossen.

**Projektleitung:** Dr. Harald Kämmerer und Isabella Kortz
**Lektorat:** Rolf Cyriax
**Layout & Satz:** Christian M. Weiß
**Umschlaggestaltung:** Christian M. Weiß unter Verwendung eines Motivs von Roger Fritz
**Herstellung:** Reinhard Soll
**Lithografie:** JournalMedia, Poing
**Bildnachweis:** Das gesamte Bildmaterial stammt von Roger Fritz mit Ausnahme der nachfolgend aufgeführten Fotos:
S. 12: Tobias Mittermeier
S. 40: Michael Nagy / Presseamt München
S. 80 / 81: Pressestelle Oberammergauer Passionsspiele
S. 93: G. Zettel / T. Haslinger
S. 94: Sepp Reiter
S. 124: Bayerische Zugspitzbahn
S. 124 / 128 / 170 / 173: Burschenverein Sielenbach / Friedel Stefan
S. 159 / 194-197: Karl Aumiller
S. 168-169: Handmähverein Thundorf-Strass e.V.
S. 200: Margitta Riebler
S. 203: DEV. AGRARTECHNIK

Der Verlag hat sich bemüht, die Rechte aller abgebildeten Personen zu klären. Sollte dies im Ausnahmefall nicht möglich gewesen sein, werden Berechtigte gebeten, sich zur Rechteklärung an den Verlag zu wenden.

**Korrektorat:** Doris Laxgang, www.der-fehlerfuchs.de

**Druck und Bindung:** Mohn Media, Mohndruck GmbH
Printed in Germany

**ISBN: 978-3-517-08645-3**
9817 2635 4453 6271

MIX
Aus verantwortungsvollen Quellen
FSC® C011124

Das für dieses Buch verwendete FSC®-zertifizierte Papier *Profimatt* liefert Sappi, Ehingen